高职高专"十四五"秘书专业规划教材

职场办公技能实训教程

张 磊 主 编
马文婷 胡春荣 副主编

上海财经大学出版社

图书在版编目(CIP)数据

职场办公技能实训教程/张磊主编. —上海：上海财经大学出版社，2023.5
（高职高专"十四五"秘书专业规划教材）
ISBN 978-7-5642-4165-0/F·4165

Ⅰ.①职… Ⅱ.①张… Ⅲ.①办公室工作-高等职业教育-教材 Ⅳ.①C931.4

中国国家版本馆 CIP 数据核字(2023)第 067961 号

□ 责任编辑　李成军
□ 封面设计　钱宇辰

职场办公技能实训教程

张　磊　主　编
马文婷　胡春荣　副主编

上海财经大学出版社出版发行
(上海市中山北一路369号　邮编200083)
网　　址:http://www.sufep.com
电子邮箱:webmaster@sufep.com
全国新华书店经销
江苏省句容市排印厂印刷装订
2023年5月第1版　2023年5月第1次印刷

787mm×1092mm　1/16　10.25印张　262千字
印数:0 001—4 000　定价:38.00元

前言

《国家职业教育改革方案》中提出职业教育倡导使用新型活页式、工作手册式教材并配套开发信息化资源,每 3 年修订 1 次教材,其中专业教材随信息技术发展和产业升级情况及时动态更新;适应"互联网+职业教育"发展需求,运用现代信息技术改进教学方式方法,推进虚拟工厂等网络学习空间建设和普遍应用。这些要求为职业教育教材编写与修订指明了方向。职业教育尤其要重视信息技术为教学赋能,充分运用现代化、信息化手段来使教材的资源富媒体化、教材的内容可视化、教材的呈现形式多样化。

《职场办公技能实训教程》是一本以上述资源富媒体化、内容可视化、呈现形式多样化三个要素为特点的新型工作手册式实训教材。整本教材分为九个项目,围绕初入职场的新人应该掌握的常用办公技能,摒弃对于原理的大篇幅描述说明,将教材内容重点放在"完成任务"上,并对"完成任务"需要的技能点进行解析,配操作视频二维码,结合文字描述,力求清晰、准确、完整呈现操作过程,破解操作难点。同时教材融入劳动教育元素,每个项目结束均凝练关于劳动技能、劳动智慧、劳动意识等方面的心得。

党的二十大提出加快建设教育强国,科技强国,人才强国,坚持为党育才,为国育才,全面提高人才自主培养质量。教材的改革尤为重要。

《职场办公技能实训教程》由在上海工商外国语职业学院任教的教师集体编写,张磊负责教材编写理念的提出、全书大纲的构建、每一项目最后"此中真义"的撰写并对全部书稿进行整合与统筹;马文婷、胡春荣两位老师作为课程的主要任课教师,分别负责项目一至五、项目六至九的文字撰写与视频拍摄部分。两位老师均是一线教师,有企业工作经验,长期担任职场办公技能实训课程教学任务,有丰富的教学经验。并且该课程业已形成在线课程,实现教材、教学一体化。

《职场办公技能实训教程》的编写中难免有诸多不尽如人意之处,个中疏漏还望使用者见谅,更请使用者不吝赐教,我们珍惜每一条宝贵中肯的意见。

张 磊
2023 年 3 月

目录

项目一 打印项目书/1

　　一、基础任务：打印材料，办公必备/1
　　二、进阶任务：PPT 合并打印/12
　　三、此中真义：功崇惟志，业广惟勤/15
　　任务训练/15

项目二 收发传真/16

　　一、基础任务：收发传真，阻断垃圾/16
　　二、进阶任务：阻止垃圾传真并自动接收/21
　　三、此中真义：工欲善其事，必先利其器/23
　　任务训练/23

项目三 扫描资料/24

　　一、基础任务：扫描资料，实现电子化/24
　　二、进阶任务：限时扫描准确无误/32
　　三、此中真义：天下大事，必作于细/37
　　任务训练/37

项目四 复印报表/38

　　一、基础任务：复印资料，整理纸质档案/38
　　二、进阶任务：高效复印不求人/45
　　三、此中真义：举一反三，方得真技/46
　　任务训练/46

项目五 组织业务培训/47

一、基础任务：配置会场多媒体环境/47
二、进阶任务：无线时代的会场环境/56
三、此中真义：与时俱进，拨云见日/58
任务训练/58

项目六 解锁高效办公技能/59

一、基础任务：维护一台高效运行的电脑/59
二、进阶任务：多窗口工作，个性化字体/64
三、此中真义：爱护工具，人人有责/66
任务训练/67

项目七 根据需求制作主题材料/68

一、基础任务：完成年会文档制作/68
二、进阶任务：制作并打印荣誉证书/79
三、此中真义：技术有限，创新无垠/95
任务训练/95

项目八 搭建宣传平台 制作宣传品/96

一、基础任务：公众号运维/96
二、进阶任务：发布公众号文章，为企业宣传造势/105
三、此中真义：以人为本，求真务实/134
任务训练/135

项目九 巧用二维码 优化管理流程/136

一、基础任务：二维码发布会议通知/136
二、进阶任务：二维码签到/150
三、此中真义：质量第一，兼顾效率/156
任务训练/157

参考书目/158

项目一

打印项目书

一、基础任务：打印材料，办公必备

（一）引入案例

刚刚毕业的大学生小王入职宏达公司，开始了为期3个月的实习。最近公司正筹备一个新的项目，当天下午准备开会讨论如何执行，项目计划书已经拟定完毕，刘经理交代小王务必1小时内完成电子版项目计划书的打印任务。项目计划书格式要求：A4纵向，添加页码，加入水印"上海宏达公司项目书"，黑色正反双面打印，且一式三份。

按照刘经理的格式要求，项目书整理完毕，小王开始打印，但是打印过程颇为不顺，先是打印机卡纸，接着打印到一半设备显示"缺纸"，最后检查打印效果，发现后半部分文本字迹偏淡，露出白轨，影响查看效果。

面对这样的情况，小王应该如何操作才能顺利完成打印任务呢？遇到类似的突发状况，你会如何解决？

（二）实现条件

设施类型	内 容
硬 件	计算机、打印机（以 HP LaserJet P1108 激光打印机为例）、数据线、鼠标、键盘
软 件	以 Windows10 系统下操作为例，Microsoft Office 2016，型号匹配的打印机驱动软件

打印机的安装（以新购买的 HP LaserJet P1108，Windows10 系统为例）：

(1)选择一个稳固、通风良好、无尘且远离直射日光的区域放置产品。

(2)撕下所有橙色装运胶带和塑料保护膜。

(3)打开打印碳粉盒挡盖，取出泡沫块、碳粉盒、包装纸以及随附的橙色装运锁。

打印机的安装

(4)从打印碳粉盒一端取下橙色装运锁，从前到后旋转打印碳粉盒，以使碳粉分布均匀，拉动拉环撕下碳粉胶带。

(5)将碳粉盒装入产品中，然后合上打印碳粉盒挡盖。

(6)调整纸张导板，将纸张正面朝上装入纸盒1。

(7)将打印机电源线插入电源接口。

(8)打开"电源"按钮。

(9)插上打印机上的 USB 连线（但暂时不可连接电脑，等待指示）。

(10)在计算机首页左下角"开始"菜单中点击"设置"，在"Windows 设置"中点击"设备",点击左侧"打印机和扫描仪",点击右侧"添加打印机和扫描仪",点击"我需要的打印机不在列表中",点击"通过手动设置添加打印机",选择"使用现有的端口",选择"打印机合适的厂商和驱动程序"〔目前大部分打印机型号可以直接通过此步骤安装软件,如无,请转至步骤(11),官网下载合适的打印机软件安装〕或者"从磁盘安装"(如有安装光盘和CD驱动器,请选择此项),输入打印机名称,选择"是否共享打印机",安装完成。

(11)下载驱动:打开惠普官网,输入打印机型号并将其作为关键词搜索;找到之后,建议保存到操作系统的非系统盘(比如D盘)。

(12)打开下载的打印机软件,开始安装,按照屏幕上的说明操作。

(13)选择简易安装(推荐)或者高级安装(自定义安装)。

(14)连接电脑端和打印机端的数据线接口。

(15)软件安装完成,重启计算机以完成安装。

(三)任务步骤

(1)打开文件——"项目计划书"。

(2)插入——页码——根据预览的效果选择心仪的排版——双击屏幕确定页码(如图1-1、图1-2所示)。

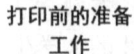

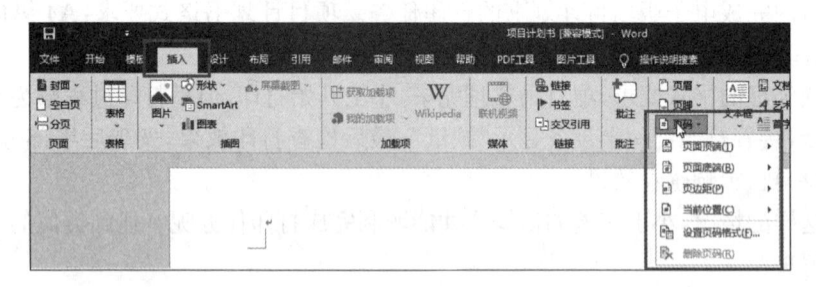

图1-1　插入——页码

图1-2　页码——页面底端

（3）设计——水印——自定义水印——勾选文字水印——输入文字"上海宏达公司项目书"，是否去除"半透明"，勾选斜式/水平的水印——确定（如图1-3、图1-4、图1-5所示）。

图1-3 设计——水印

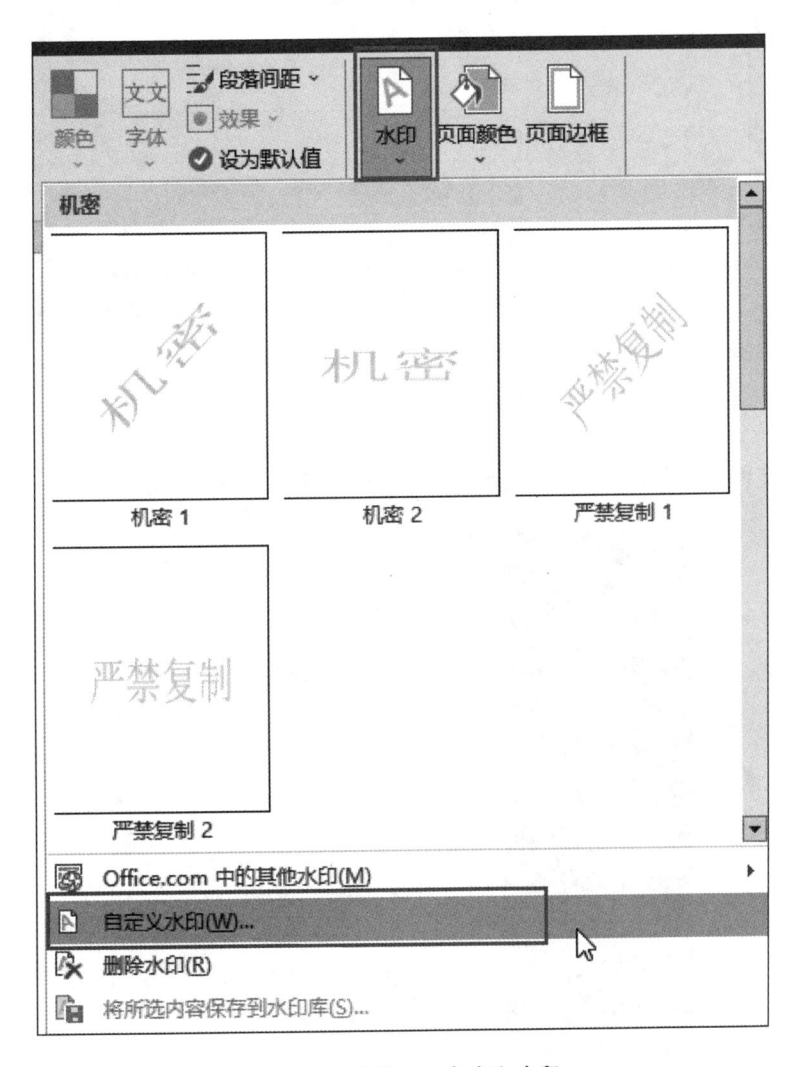

图1-4 水印——自定义水印

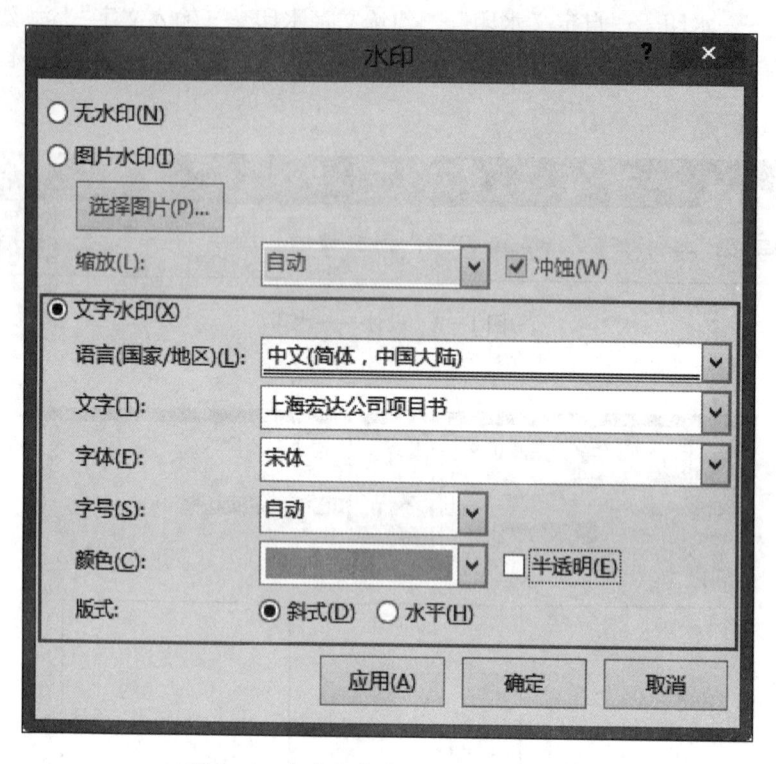

图1-5 自定义水印——文字水印设置

(4)点击文件——打印(推荐组合键:CTRL+P)(如图1-6所示)。

图1-6 文件——打印

(5)打印机下拉菜单中,选择匹配的打印机设备型号 HP LaserJet P1108(如图1-7所示)。

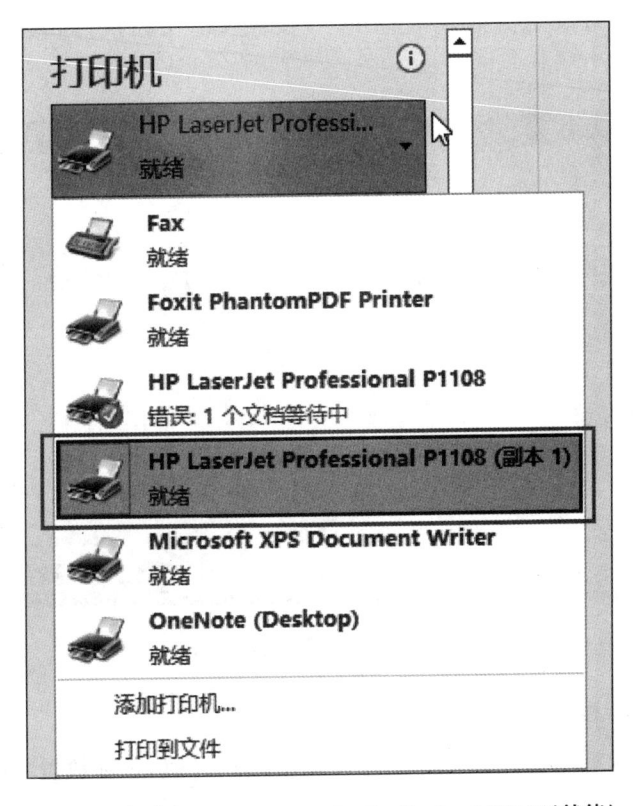

图1-7 打印机——HP LaserJet Professional P1108(就绪)

(6)设置面板中,打印版数选择打印所有页,打印方式为双面打印(从长边翻转页面),打印方向为纵向,份数输入框中输入3(如图1-8所示)。

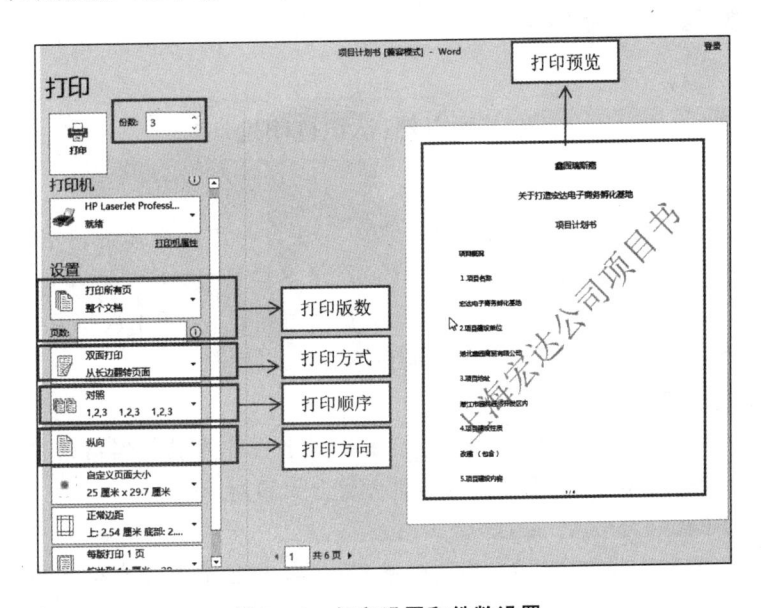

图1-8 打印设置和份数设置

(7)点击打印图标 [打印] 开始打印奇数页——按照双面打印说明提示操作,手动取纸,不改变方向,将打印好的纸叠插入纸盒1——按"继续"按钮执行偶数页打印(如图1－9所示)。

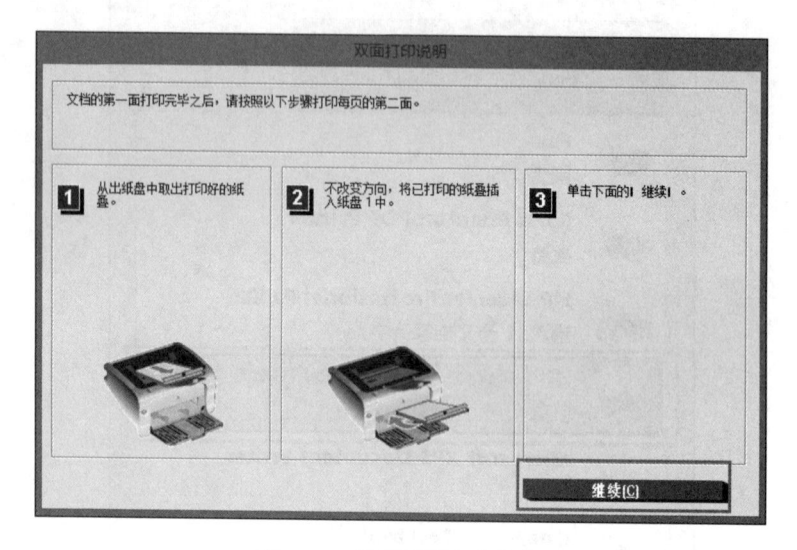

图1－9 手动双面打印操作

(8)打印中出现问题的解决。

①发现进纸口卡纸,先关机,准确取出卡住的纸张,开机,重新放置纸张,纸张摆放整齐,重新打印。

②打印到一半设备显示"缺纸",说明纸盒中的纸张已经用尽,需要再次放置足量的纸张,纸张摆放整齐,按电脑"继续"键继续打印。

③打印效果出现部分文本字迹偏淡,露出白轨的现象,建议取出硒鼓,摇晃后重试,如效果仍不尽如人意,建议更换新硒鼓。

知其所以然:认识打印机

打印机是职场中最为常见的办公设备。许多人认为打印机操作有何难,不就是跟着师傅依样画葫芦,熟练两遍的事情吗?其实不然。职场中常见的打印机类型就有4种,且不同打印机的使用方式和原理也大相径庭,所以学会使用打印机,必须先从知晓它们的分类和基本部件开始,打好扎实的基础,才是职场升级打怪的不二法宝。

一、打印机的分类

打印机是计算机最主要的输出设备之一,主要用于将计算机处理结果打印在相关介质上。按照工作原理和用途范围,常见的打印机大致分为四类。

(一)针式打印机

针式打印机(又称点阵打印机)是出现最早、历史最长且至今仍有很高市场占有率的计算机输出设备(如图1－10所示)。其工作原理是依靠打印针击打色带在打印介质上形成色点的组合来实现规定字符和图像的。针式打印机常见的是24针的打印机,所谓针数是指打印头内的打印针的排列和数量。针数越多,打印的质量就越好。

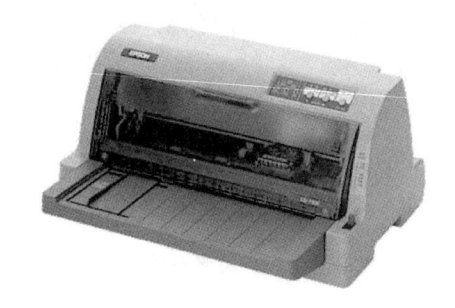

图1-10 针式打印机

针式打印机的缺点是精度低、噪声大、速度慢,很难实现彩色打印;优点是耐用、耗材(包括打印色带和打印纸)便宜,可以打印多种类型的纸张,如穿孔纸、多层纸、蜡纸等。目前广泛服务于税务、银行、保险、工商、医疗等大行业打印票据。

(二)喷墨打印机

喷墨打印机是在针式打印机之后发展起来的,采用非击打的工作方式,其工作原理是通过墨滴喷射到打印介质上来形成文字或图像(如图1-11所示)。

图1-11 喷墨打印机

它的优点是较激光打印机价格偏低,打印效果优于针式打印机,噪声小,打印质量高以及易于实现彩色打印,其缺点是较激光打印机打印速度慢,批量打印能力差。由于其良好的打印效果与较低的价位,因此喷墨打印机占领了广大中低档市场,是目前常用的家用打印机型。

(三)激光打印机

激光打印机是将激光扫描技术和电子照相技术相结合的打印输出设备,采用非击打的工作方式。其基本工作原理是由计算机传来的二进制数据信息,通过视频控制器转换成视频信号,再由视频接口/控制系统把视频信号转换为激光驱动信号,然后由激光扫描系统产生载有字符信息的激光束,最后是由电子照相系统使激光束成像并转印到纸上(如图1-12所示)。

图 1—12　激光打印机

较其他打印设备,激光打印机具有高质量、高速度、低噪音和易管理等特点,其缺点是价格高,成本相对高昂。它是主流的商务用打印机型,即目前在工作中使用最多的一种打印机。

(四)热敏打印机

热敏打印机是通过热敏打印头将打印介质上的热敏材料熔化变色,生成所需的文字和图形,采用非击打的工作方式(如图 1—13 所示)。图像是通过加热,在膜中产生化学反应而生成的,在一定的温度下会加速这种化学反应。当温度低于 60℃时,纸需要经过相当长,甚至长达几年的时间才能变成深色;而当温度为 200℃时,这种反应会在几微秒内完成。

图 1—13　热敏打印机

其优点是相对于针式打印机,热敏打印速度快、噪声低,打印清晰,使用方便,但热敏打印机不能直接打印双联或多联,打印出来的单据受温度和光线影响不能永久保存。因其体积小、重量轻、可用电池驱动的特点,广泛用于收银、条形码、便携打印等专业领域。

二、打印机结构

激光打印机虽然型号各异,但结构原理和使用方式大同小异,以惠普 LaserJet P1108 黑白激光打印机(如图 1—14 和图 1—15 所示)为例。

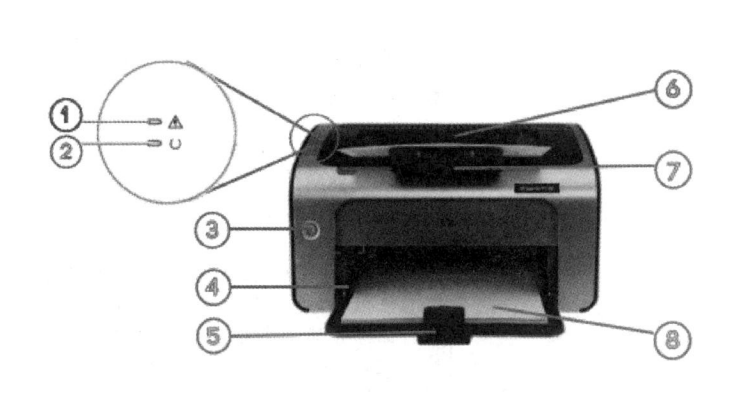

序号	名称
1	报错灯
2	电源灯
3	"开机/关机"按钮
4	纸张宽度导板
5	纸张长度导板
6	出纸口
7	出纸托盘
8	150页主进纸口

图1—14 惠普P1108激光打印机前视图

序号	名称
9	USB数据接口
10	电源接口
11	分页器

图1—15 惠普P1108激光打印机后视图

三、如何选择合适的打印机

用户最关心的指标无非是价格、速度、质量、噪声、故障率、耗材费用、维修费用等。将常见的四类打印机对比，情况如表1—1所示。

表1—1　　　　　　　　　　常见的四类打印机对比

类型	价格	速度	质量	噪声	故障率	耗材费	维修费
针式	中	慢	低	大	高	低	低
喷墨	低	中	高	小	低	高	中
激光	高	快	高	小	低	高	高
热敏	低	快	中	小	低	低	低

四、常见的故障分析与解决办法

无论哪种机器，检查故障的第一步就是关机。

激光打印机的常见故障及解决办法如表1—2所示。

表 1—2　　　　　　　　　　　常见激光打印机故障及解决办法

激光打印机故障现象	主要原因	解决办法
下达打印指令后打印机故障灯亮或无反应	供电电源故障或者数据线未插牢	关闭打印机,检查供电电源是否正常,数据线是否连接牢靠,若是网络打印机,则检查远端机器是否开机
	打印机端口设置不正确	检查打印机端口设置
	默认打印机设置有误	检查默认打印机设置
	打印任务较多时,连续点击按钮,造成打印机任务栏里重复任务太多,机器无法处理,形成假死状态	点击打印机任务栏,取消重复任务,假如无法取消,可试着先将打印机电源关闭再删除。建议小容量打印,小型打印机一次任务一般不超过100张
	连续打印时间过长	建议小批量执行打印任务,也可通过降低打印分辨率增加打印任务内存
	计算机启用多个软件,运行内存严重不足	优化后,重启任务
	打印机电磁离合器发生故障	利用万用电表测试,若已损坏,立即修复或更换固件
打印图文变浅变淡,出现局部残缺	硒鼓中碳粉过少	取出硒鼓,双手水平握住,轻轻摇晃几次,使盒内碳粉均匀分布即可再使用,效果不佳则更换硒鼓,建议使用原装硒鼓,可延长打印机使用寿命
	碳粉浓度设定过低,或打印机处于经济模式中	重置碳粉浓度设定为正常,取消经济模式
	激光束强度减弱	维修激光发生器
打印机出现进纸多页、不同部位卡纸、输出纸张折叠或进纸动作时好时坏	打印纸刚进入机内就出现卡纸现象,可能是搓纸轮磨损打滑	若磨损不严重,清洁表面污物即可
	打印纸在走纸通道内卡纸,多是错误清除卡纸操作造成。比如感应杆不能复位,走纸导向轮错位	检查感应杆是否复位,走纸导向轮是否错位,如经常发生,建议更换相关配件
	使用不符合要求的打印纸张,导致纸张卡在定影器中	使用尺寸、质量相符的纸张
	纸张放入机体中不符合规范,导致纸张倾斜造成卡纸	正确放置纸张,固定纸张宽度和长度导板
	进纸通道内感应器失效	先清洁,无果后测试更换
打印机输出字迹偏淡,露出白轨	可能是硒鼓中碳粉过少造成的	添加碳粉或更换硒鼓
	可能是碳粉浓度设定过低,或打印机处于经济模式中	重新设定或取消经济模式
连续打印时出现部分标点、笔画甚至页面局部丢失现象	文档选用了特殊字体格式	尽量避免使用特殊字体,以免打印失败
	可能是该页面信息容量过大	适当降低打印机的分辨率
打印字体不正常,打印出空白页,甚至出现乱码	打印机程序出错	在控制面板的打印机选项里删除打印机,然后重新安装驱动

常见喷墨打印机故障及解决办法如表1—3所示。

表1—3　　　　　　　　　　常见喷墨打印机故障及解决办法

喷墨打印机故障现象	主要原因	解决办法
下达打印指令后打印机故障灯亮或无反应	供电电源故障或者数据线未插牢	同激光打印机
	打印机端口设置不正确	
	默认打印机设置有误	
	打印任务较多时,连续点击按钮,造成打印机任务栏里重复任务太多,机器无法处理,形成假死状态	
	连续打印时间过长	
	计算机启用多个软件,运行内存严重不足	
	进纸通道内感应器失效	
	字车驱动电机机器机械传动装置出现故障	检查字车驱动电机机器机械传动装置是否出现故障
打印机出现进纸多页、不同部位卡纸、输出纸张折叠或进纸动作时好时坏	打印纸刚进入机内就出现卡纸现象,可能是搓纸轮磨损打滑	同激光打印机
	打印纸在走纸通道内卡纸,多是错误清除卡纸操作造成。如感应杆不能复位、走纸导向轮错位	
	使用不符合要求的打印纸张,导致纸张卡在定影器中	
	纸张放入机体中不符合规范,导致纸张倾斜造成卡纸	
	进纸通道内感应器失效	
蜂鸣	缺纸或卡纸	更换新纸或排除卡纸
	缺墨盒或墨水	正确换上墨盒
彩色不能打印	彩色打印头不正常或彩色墨盒无墨	分别排除,确定问题更换即可
	打印机控制板没有产生实现喷嘴喷射墨水的驱动脉冲信号	参考具体说明书或求助专业维修人员
彩色打印正常,黑色无法打印	黑色打印头不正常或黑色墨盒无墨	分别排除
	如打印头底部的海绵无黑色墨迹,原因可能在墨水输送通道上	将针管与墨水输送管连接处的六角螺帽拧紧,并执行充墨操作,或者求助打印机专业维修人员
纸上重复出现污渍	墨水盒或输墨管漏墨	更换或维修
	喷嘴性能不良,导致喷出的墨水与剩余墨水不能很好地断开而处于平衡状态,而出现漏墨	更换喷嘴
墨迹稀少字迹无法辨认	多数是由于打印机长期未用,造成墨水输送系统障碍或打印堵塞	执行打印头的清洗操作

续表

喷墨打印机故障现象	主要原因	解决办法
喷头堵塞	外部灰尘吸附,造成喷墨头干堵	一般可由打印机自动清洁喷头,堵塞严重时需人工手动清洁
	未将墨头停放至初始位置,导致墨水干枯堵塞管道	将墨头停放至初始位置
	外来墨水中易起凝结物,堵塞管道	尽可能使用原装墨水
打印时字车随机撞到机械框架上	通常是因为字车导轴上的灰尘太多造成导轴润滑不好,引起字车在移动的过程中随机受阻而造成的	用棉花擦拭导轴上的灰尘并给导轴上润滑油后,即可正常打印
打印字体不正常,出现空白页或打出乱码	打印机程序出错	同激光打印机

二、进阶任务:PPT 合并打印

(一)引入案例

将一份 24 页的 PPT 策划书做 6 合 1 黑色双面打印,并且添加页码。

(二)实现条件

选用设备:HP M277 彩色激光一体机

小提示 一体机是集打印、复印、扫描和传真于一体的设备,只要有 2 项以上功能,即可称为一体机。一体机的出现适应了信息化时代的快节奏办公要求,不但节省了办公空间,而且大大降低了购机成本,且大部分激光一体机具有普通激光打印机不具备的自动双面打印功能,即无需手动翻面,就能实现双面打印,真正做到解放双手就能快速打印,因此一体机是许多中高端办公场所的首选。

(三)任务步骤

(1)打开文件——"项目计划书"

(2)点击文件——打印(推荐组合键:CTRL+P)

(3)打印机——选择匹配的打印机设备型号 HP M277(如图 1—16 所示)。

项目一　打印项目书　　13

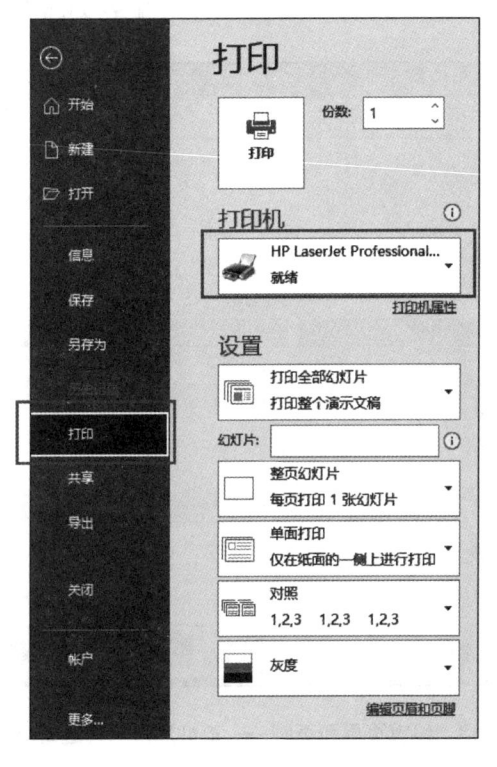

图1-16　打印——打印机选择 HP M277

(4)设置:幻灯片——打印全部幻灯片,打印版式——6张水平放置的幻灯片,打印方式——双面打印(从长边翻转页面),打印方向——纵向,颜色——灰度(如图1-17所示)。

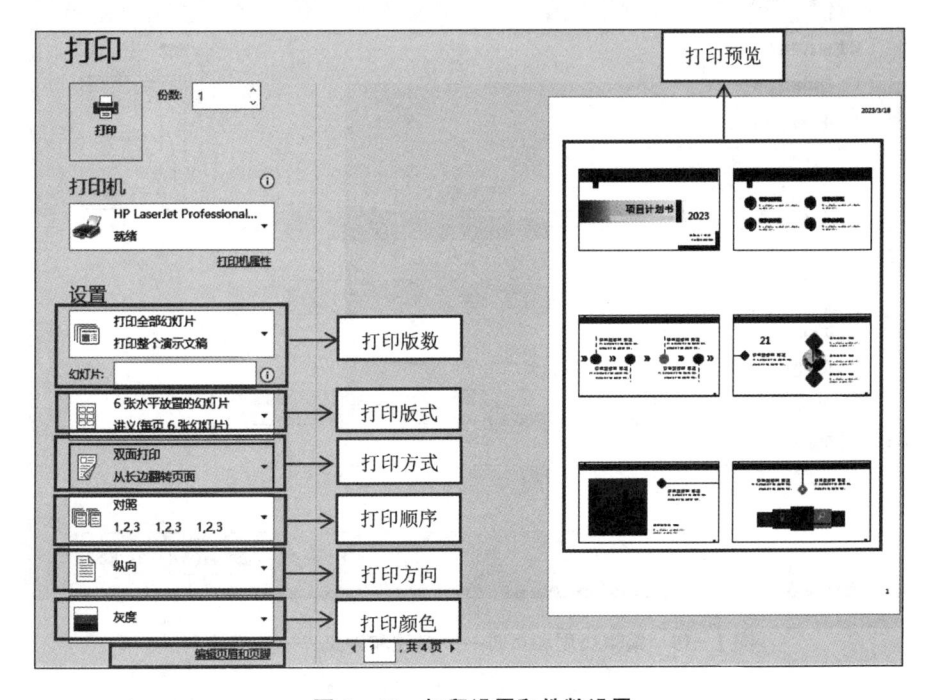

图1-17　打印设置和份数设置

(5) 编辑页眉和页脚——幻灯片——勾选幻灯片编号(如图1-18所示)。

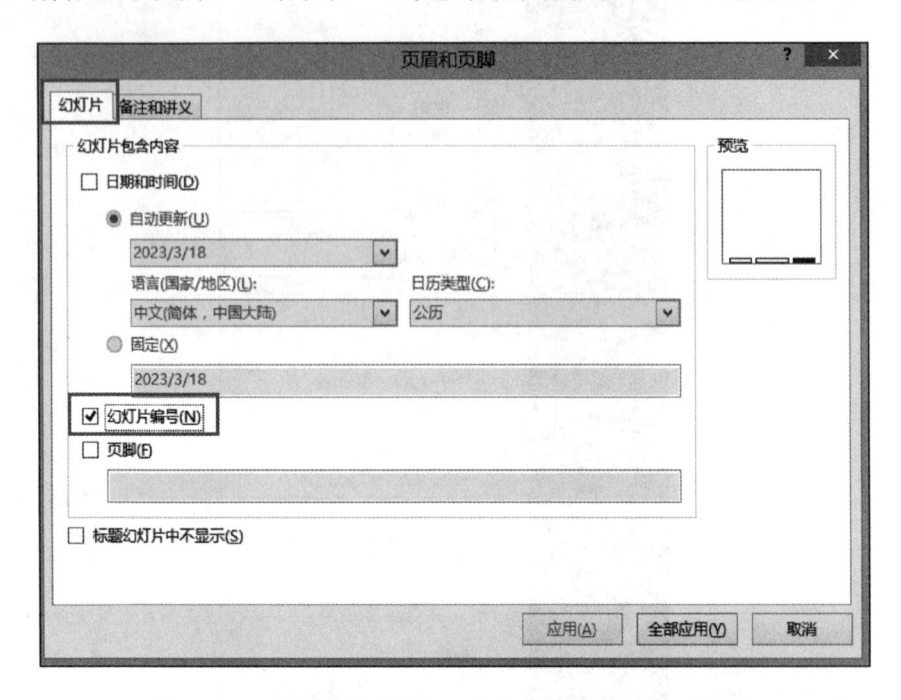

图1-18 编辑页眉和页脚——幻灯片——勾选幻灯片编号

(6) 编辑页眉和页脚——备注和讲义——勾选页码(如图1-19所示)。

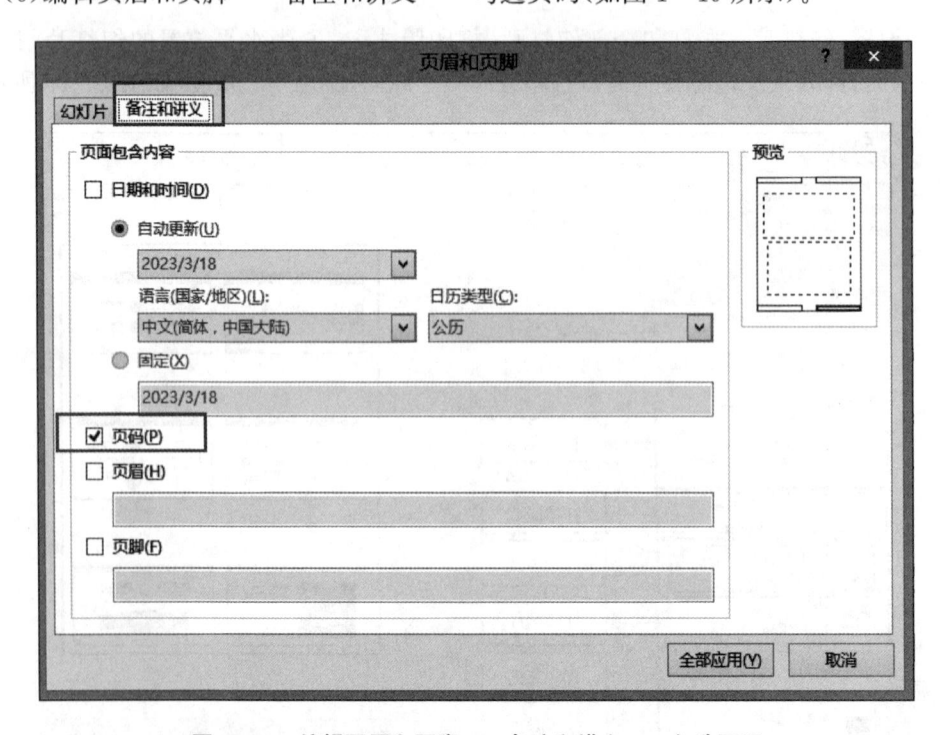

图1-19 编辑页眉和页脚——备注和讲义——勾选页码

(7)点击打印 [图标] ——自动双面打印——完成。

三、此中真义：功崇惟志，业广惟勤

"万丈高楼平地起"，职场小白的工作起步，往往是简单的任务或者初级的项目，又或者就是一次材料的打印、复印。能够在看似简单重复的劳动中，找到顺利完成工作的方法，探索提高工作效率的途径，职场小白就能快速成长。"功崇惟志，业广惟勤。"每个人的职场生涯的开始，都要立足现实，聚焦眼前的平凡小事，胸怀远大志向，勤勉努力，才可能成为职场的高手。

任务训练

1. 使用激光打印机纵向双面打印计算机中的一份企业策划书，要求：插入页码，页脚居中；添加水印：斜式的"企业策划书"，宋体，字号50。请简述操作流程和注意事项。

2. 点击"打印"按钮后，激光打印机无反应通常是什么原因？应该如何解决？

项目二 收发传真

一、基础任务：收发传真，阻断垃圾

(一)引入案例

会后,刘经理吩咐小王马上将山海经贸公司亟须的 10 份客户材料传真给对方,13:00 接收荣兴公司的 2 份客户材料,并交到自己的办公室。

按照刘经理的要求,小王顺利发送了 10 份客户材料,下午收传真时却遇到了不少问题。小王于中午 12:30 临时有个任务需要外出半小时,担心无法及时赶回影响接收传真,此刻办公室空无一人,这该怎么办?小王灵机一动,想到前不久张姐告诉过她一个好方法,不妨一试。回来的时候,果然传真已经收到,不过,怎么只收到 1 份传真?还有 1 份呢?传真机伴随着警告音,小王才意识到问题所在。

小王该如何解决收发传真的问题呢?遇到类似的突发状况,你会如何解决?

(二)实现条件

设施类型	内 容
硬 件	以松下 KX-FT936 激光传真机为例,电源线、电话线、话筒线
软 件	无

(三)任务步骤

通用传真发送流程和接收流程如图 2—1 和图 2—2 所示。

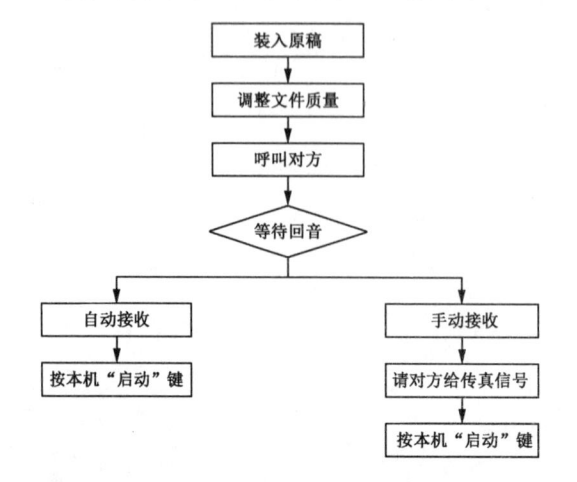

图 2—1 传真机发送流程

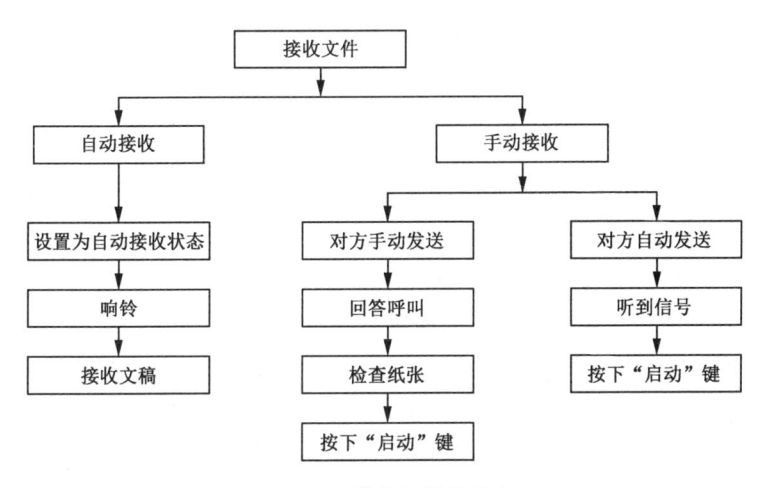

```
                    接收文件
                       │
         ┌─────────────┴─────────────┐
      自动接收                     手动接收
         │              ┌─────────────┴─────────────┐
   设置为自动接收状态    对方手动发送              对方自动发送
         │                   │                         │
       响铃                回答呼叫                  听到信号
         │                   │                         │
       接收文稿            检查纸张                 按下"启动"键
                             │
                         按下"启动"键
```

图 2-2 传真机接收流程

（四）操作流程

1. 手动收发传真

（1）开机，调整传真机的工作状态。

（2）检查原稿有无破损或遗漏，文稿入口装入 10 份客户材料，需要发送的内容朝下放置，调整文稿引导板固定材料。

（3）摘取话机手柄，拨通对方电话号码，并等待对方回答。（注意：如果对方自动接收，无需通话，可跳过此后的所有步骤。）

（4）双方通话。

（5）通话结束后，由接收方先按"传真"键。

（6）当听到接收方的应答信号时，发送方按"传真"键，文稿会自动进入传真机，开始发送文件。

（7）挂上话机，等待发送结束。若发送出现差错，则会有出错信息显示，应重发；若传输成功，将会显示"成功发送"信息。

2. 接收传真（自动）

（1）设定自动接收：点击"自动接收"按键，直至红灯亮起。

（2）电话铃响若干声后，机器自动启动转入自动接收状态，液晶显示的"Receive"接收状态或接收指示灯亮，表示接收开始。

（3）故障排查——缺纸伴随警告音：文稿出口处纸张放置不足，导致还有 1 页传真待收状态，添加纸张，点击"传真"键，接收即可消除警告音。

（4）机器自动回到"准备好"（Ready）状态。

知其所以然：认识传真机

一、传真机的分类

在互联网技术的加持下，传真这一"古老"的信息传递手段，似乎离职场越来越远。其实不然。与办公常用的电话和电子邮件相比，传真具有无可替代的优势。第一，由于传真件不可被更改，因此被广泛用于正式的商业往来文件（尤其是需要签字盖章的商函）当中，而电话作为口头的约定,是不具有法律效力的;第二,传真可以传输图片、图形和设计草案,甚至颜色,而电话仅仅是口头描述,无法将事情描述清楚;第三,传真普及地域更广,有电话线的地方即可收发传真;第四,保密性好,由于电话线传输不容易被窃取(电子邮件在互联网传输过程中往往很容易被窃取),因此适用对安全要求较高的文件;第五,对于不会使用电脑的人而言,传真更易使用。因此,学会发送和接收传真仍然是大部分企业需要掌握的基本技能。传真机是现代通信的主要工具之一,它是应用扫描和光电变换技术,把文件、图表、照片等静止图像转换成电信号,传送到接收端,以记录形式复制的通信设备。传真机能直观、准确地再现真迹,并能传送不易用文字表达的图表和照片,操作简便。

通常按照传输方式将传真机分为三种类型:激光式传真机、喷墨式传真机和热敏纸传真机。目前,传真机已广泛用于传真照片、气象云图、设计蓝图、文件资料和新闻报刊等各个方面,成为各类办公室的必要设备。伴随着微电脑技术和半导体集成电路的飞跃发展,传真通信日趋系统化、网络化和智能化。

激光式传真机(如图2—3所示)利用碳粉附着在纸上而成像。其工作原理主要是利用机体内控制激光束的一个硒鼓,凭借控制激光束的开启和关闭,从而在硒鼓产生带电荷的图像区,传真机内部的碳粉受到电荷的吸引而附着在纸上,形成文字或图像图形。

图2—3　激光式传真机

喷墨式传真机(如图2—4所示)的工作原理与点阵式列印相似,是由步进电动机带动喷墨头左右移动,把从喷墨头中喷出的墨水依序喷布在普通纸上完成打印工作。

图2—4　喷墨式传真机

热敏纸传真机(如图 2—5 所示)是通过热敏打印头将打印介质上的热敏材料熔化变色，生成所需的文字和图形。热转印从热敏技术发展而来，它通过加热转印色带，使涂敷于色带上的墨转印到纸上形成图像。

图 2—5　热敏纸传真机

二、传真机的结构

传真机结构如图 2—6 和图 2—7 所示。

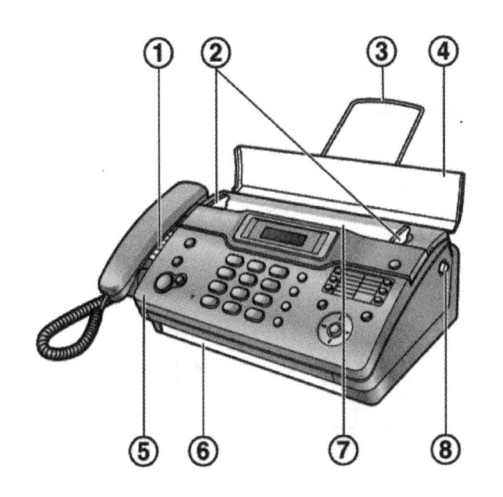

序号	名称
1	扬声器
2	文稿引导板
3	记录纸支架
4	送稿盘
5	顶盖
6	文稿出口
7	文稿入口
8	顶盖开盖钮

图 2—6　松下 KX-FT936 激光传真机正视图

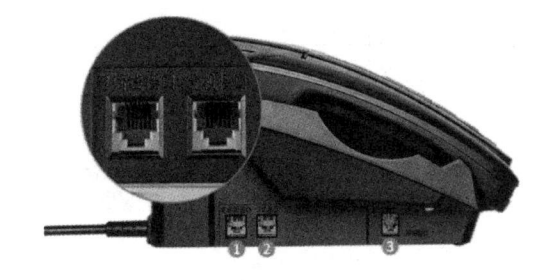

序号	名称
1	电话线接口
2	分机接口
3	话筒线接口

图 2—7　松下 KX-FT936 激光传真机后视图

三、操作标准

操作标准如表 2—1 所示。

表2—1　　　　　　　　　　　　　　操作标准

内容	操作标准
控件的认识	能够正确说出传真机各个常见控件的名称及功能
电源及接口连接	能够正确连接电源线和电话线,调整传真机工作状态,使之正常工作
发送	检查原稿:需使用符合规定质量大小的纸张发送
	放置文件:注意放置的位置、方向和规定份数
	正确流程:待收件方接收文件后,按"传真"键发送
接收	放置文件:注意放置的位置、方向和规定份数
手动接收	正确流程:同意,按"传真"键接收;不同意,不进行任何操作
自动接收	正确流程:事先设定好黑白名单,无需操作即可自动接收
复印	称为自发自收,通常检查传真机是否能够正常工作

四、常见的故障分析与解决办法

传真机常见的故障分析与解决办法如表2—2所示。

表2—2　　　　　　　　　常见的故障传真机分析及解决办法

故障现象	主要原因	解决办法
不工作(开机后液晶显示器无任何显示,电源指示灯不亮)	电源线插头未插好	插好电源插座,如无反应,更换电源线
	电源线一端松动	固定电源线
	保险丝熔断	更换保险丝
	液晶显示器损坏	请专业人士维修
	主板有故障	
无法发送和接收(设备已开启)	电话线未连上	连接好
	电话线噪声干扰	再试一次
	电话线与电源输出端有故障	检查并更换
	电话线线路有问题	等待自动修复,若无法解决,通知电信部门
原件/接收纸卡纸	原件/接收纸未插入	再插一次
	原件/接收纸不平整	展开纸张,平整放入
	原件/接收纸输送走斜	一是检查托纸盘,看其是否转动灵活;二是检查排纸滚两端是否均匀地与纸张导轨接触;三是检查感热头与记录纸接触是否良好
	文件自动馈送系统内卡有纸张等异物	正确取出纸张等异物
	原件/接收纸尺寸不符(过大或过小)	正确选用纸张尺寸

续表

故障现象	主要原因	解决办法
接通电源后,警报声响个不停	遗留的接收任务未完成,纸仓里无纸	检查纸仓里是否有接收纸,且接收纸是否放置到位,接收完毕即可
	纸仓盖、前盖等打开或合上时不到位	纸仓盖、前盖等打开或合上到位
	各个传感器出现问题	检查各个传感器是否完好
	主控板短路	检查主控板是否有短路
复印或接收有竖黑线	扫描器有污物	正确清洁扫描器镜片
	热敏头断丝	更换相同型号的热敏头
复印或接收有横黑线	扫描器镜片不良	更换扫描器
接收的图像变形	电话线噪声干扰	再试一次
	热感头有污垢	检查热感头是否有污垢,并清洁
	其他故障问题	用其他文件复印一个副本,若复印同样变形,说明有故障,需专业人士维修

二、进阶任务:阻止垃圾传真并自动接收

(一)引入案例

小王发现近期经常收到推销广告等垃圾传真,且固定几个号码,不仅浪费纸张,还浪费人力。小王决定设置黑名单,杜绝此类现象,同时在离开的时间段设定自动接收传真,这样就不会遗漏掉任何重要传真了,真是一举多得。

(二)实现条件

选用设备:HP M277 彩色激光一体机

(三)任务步骤

(1)打开一体机,点击液晶触摸屏,进入首页。

(2)设定黑名单:点击"传真"选项——传真菜单——接收选项——阻止垃圾传真——添加号码——输入垃圾传真号(如图 2—8 所示)。

自动接收并
阻止垃圾传真

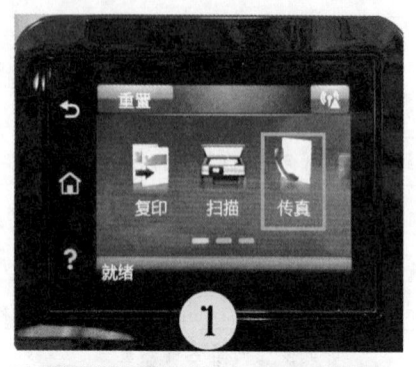

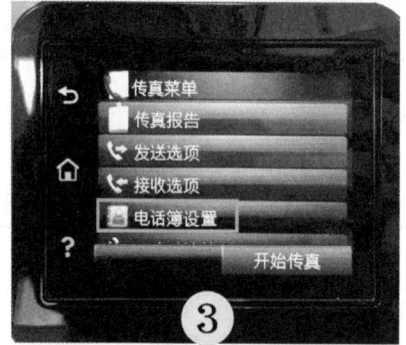

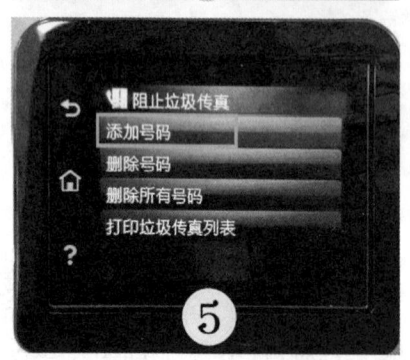

图 2-8　设定黑名单流程

　　(3) 设定自动接收传真：点击液晶触摸屏，滑动至"设置"选项——传真设置——基本设置——应答模式——自动(如图 2-9 所示)。

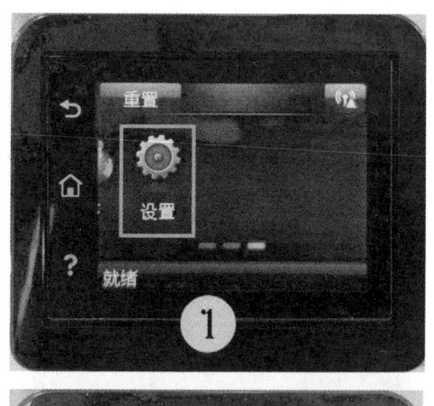

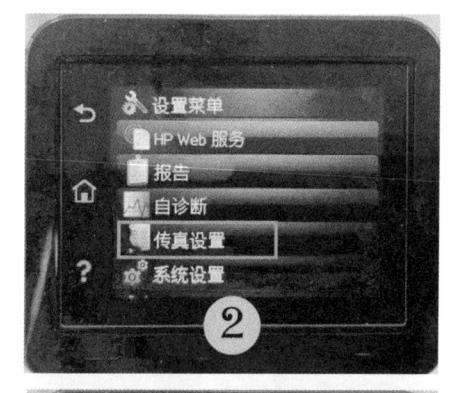

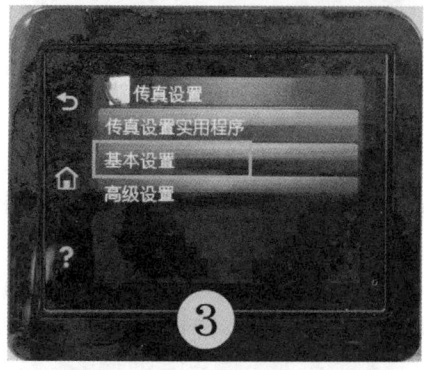

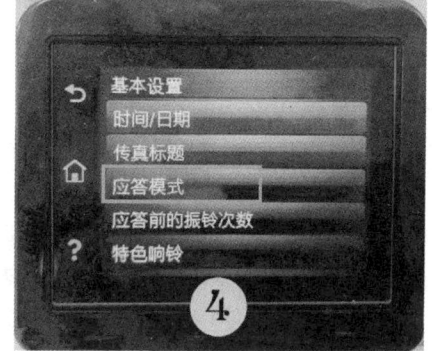

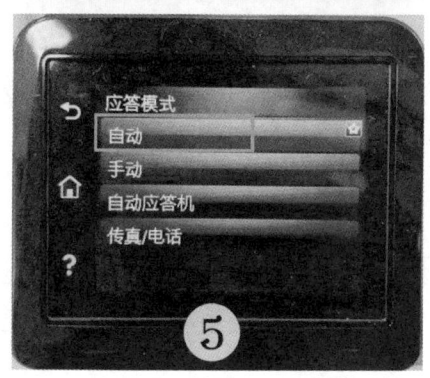

图 2—9　设定自动接收传真流程

三、此中真义：工欲善其事，必先利其器

在技术飞速发展、迭代更新的时代，如何对待"古董"级别的办公工具，考验的是劳动者的智慧。"工欲善其事，必先利其器"，对工具和器物的认知，是职场人使用工具的先决条件。能够认知到特定行业、特定岗位依然需要传真机来传输文件资料，能够在工作中提前统筹规划时间，灵活运用机器自带的功能，提高工作效率，这就是劳动的智慧。

任务训练

1. 甲公司需要将 5 份客户材料立即传真给乙公司，请简述操作流程和注意事项。
2. 手动接收传真时突发卡纸问题，应该如何解决？如何预防卡纸问题？

项目三 扫描资料

一、基础任务：扫描资料，实现电子化

(一)引入案例

转眼小王在宏达公司实习已经2个月了。年底，公司进入业务最繁忙的时期。刘经理安排小王做资料整理工作。要求在12月20日前将公司今年收到的重要纸质版资料纵向扫描成彩色图片，保存为PDF格式并归档整理。

小王整理好了几大档案盒的资料，但是却不知道该如何扫描。小王找同部门的同事张姐请教。张姐提醒小王使用公司的一体机扫描即可，计算机上已经有自带的扫描仪驱动，按照系统提示直接使用。

小王一听顿觉轻松，立刻搬出资料，点开扫描仪软件，打开扫描仪盖板，将一张合同放入。可是却发现第一次扫描出来的图像不仅局部消失而且不够清晰。又尝试了几次，好不容易图像完整了，清晰度却仍然不够。看着还没有扫描的几盒资料，小王一筹莫展，只能再向同事张姐请教。张姐只用了几分钟，几十份材料就已经扫描完毕，且清晰完整。

问题：张姐是如何高效完成了扫描任务？小王的操作过程哪里出现了问题？

(二)实现条件

设施类型	内　容
硬件	以 HP M277 彩色激光一体机为例，电源线，数据线
软件	Windows7/Windows10 系统，安装自带扫描仪 HP Scan

(三)任务步骤

随着互联网技术的日益发展，扫描仪不再只是局限于逐份扫描，被吐槽还没打字来得快的尴尬一去不复返，它对于工作效率的加持不容小觑。如今，手机 App 或者手机本身就可以拍照扫描，电脑可以实行专项批量扫描，无论哪种方式，都以高效取代了打字的劳累，纸质版存档的不便，取而代之是随取随用，高效办公。下面展示办公环境中通用的扫描操作流程（如图3-1所示）。

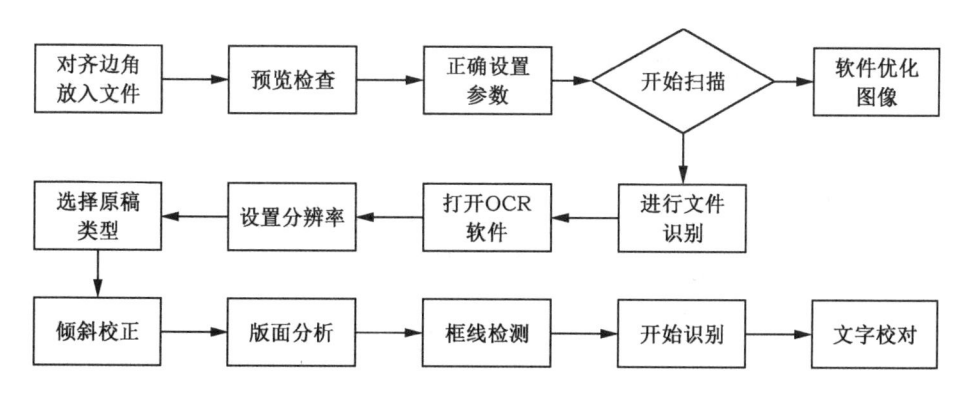

图 3—1　扫描仪操作流程

具体操作步骤如下：

(1)开机预热。

(2)批量放置原稿至自动输稿器,需要扫描的页面朝上放置,头朝端口(如图 3—2 所示)。

批量扫描-windows10

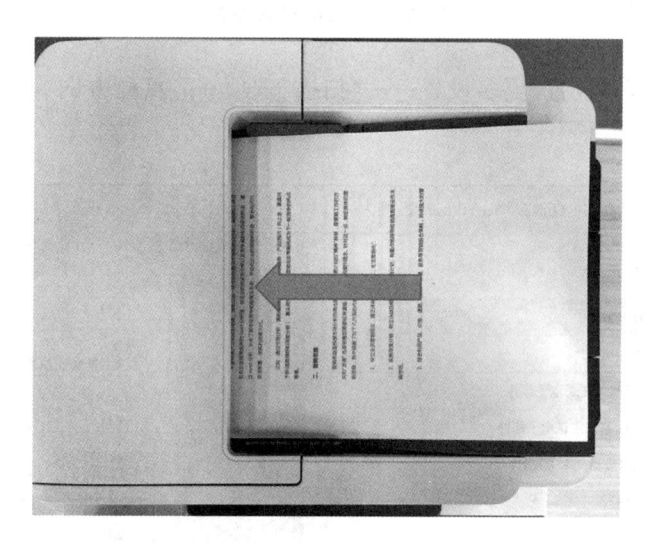

图 3—2　批量放置原稿

(3)打开桌面软件"HP CLJM277 Scan"。

(4)PDF 格式设置:扫描快捷方式——另存为 PDF(如图 3—3 所示)。

图 3－3　PDF 格式设置

（5）方向和分辨率设置：更多设置——"扫描"选项——页面方向为纵向；分辨率为 300（如图 3－4 所示）。

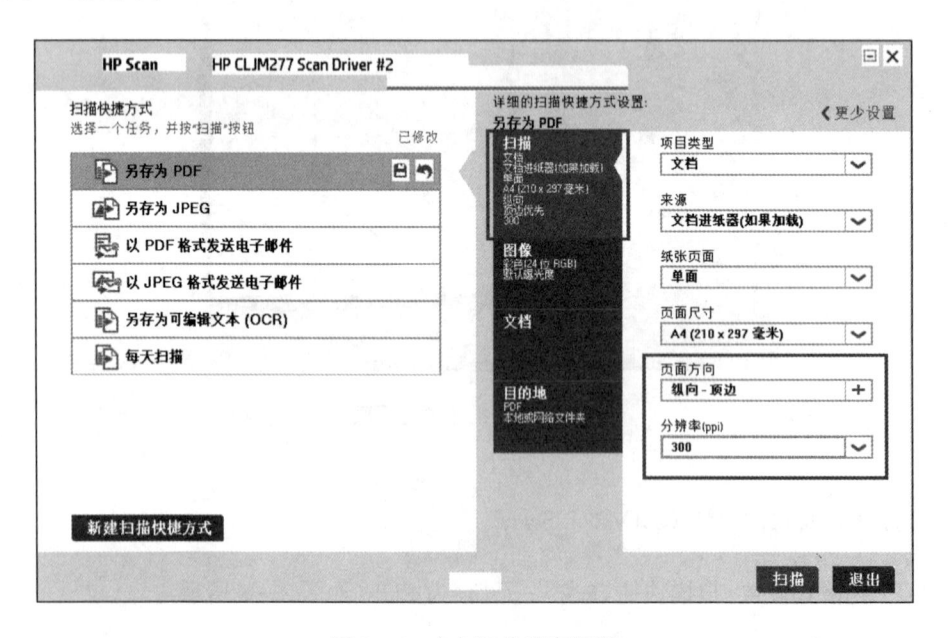

图 3－4　方向和分辨率设置

（6）图像设置：彩色模式下拉菜单中选彩色（24 位 RGB）（如图 3－5 所示）。

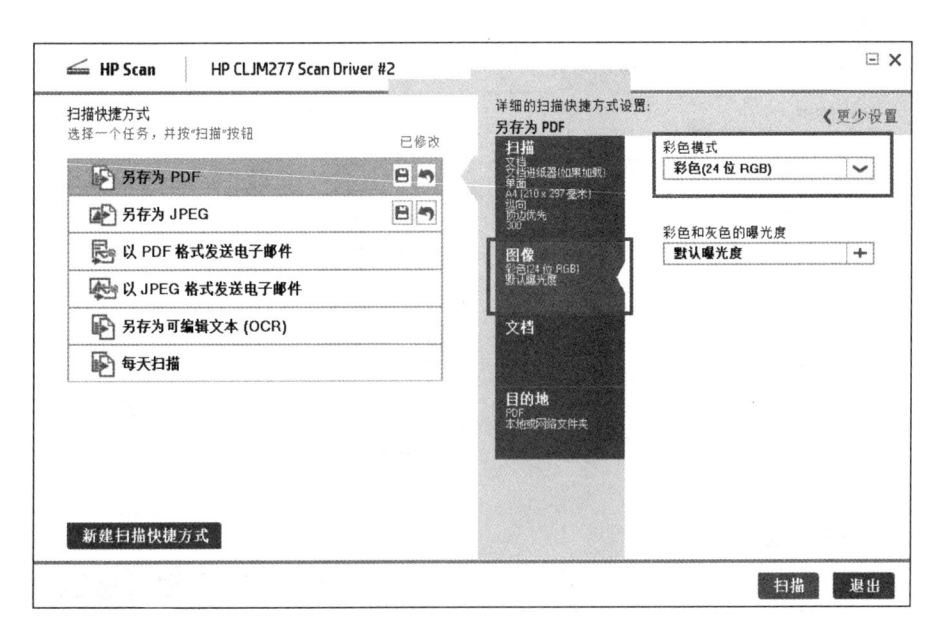

图 3—5 图像设置

(7)文档设置:勾选"摆正内容",禁用"删除空白页面""应用背景过滤器"(如图 3—6 所示)。

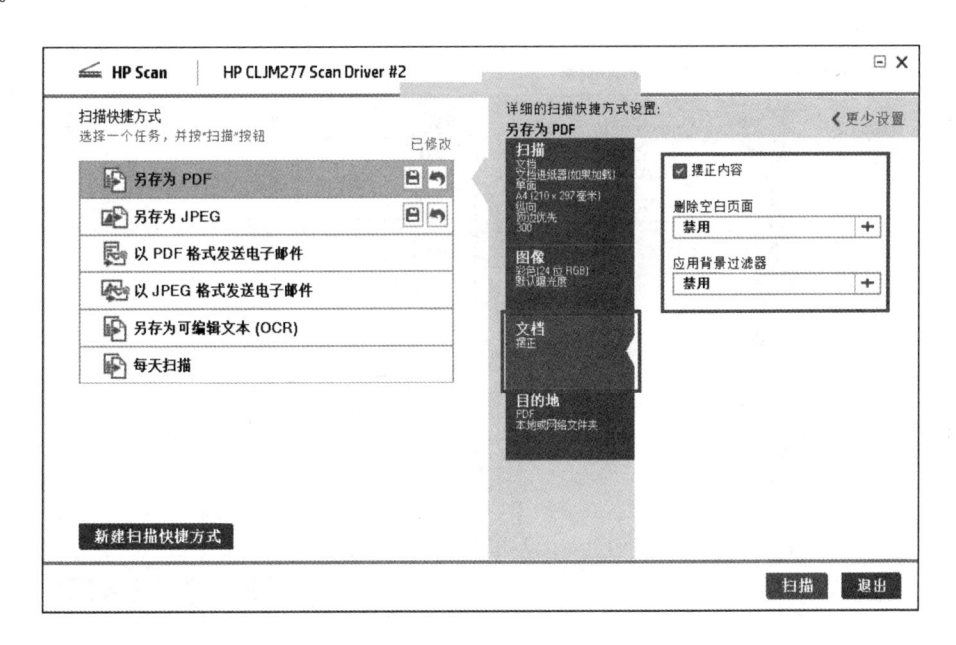

图 3—6 文档设置

(8)保存目的地设置:输入文件名——2023 年文件资料;保存至相关地址——浏览——尽量不选用 C 盘(如图 3—7 所示)。

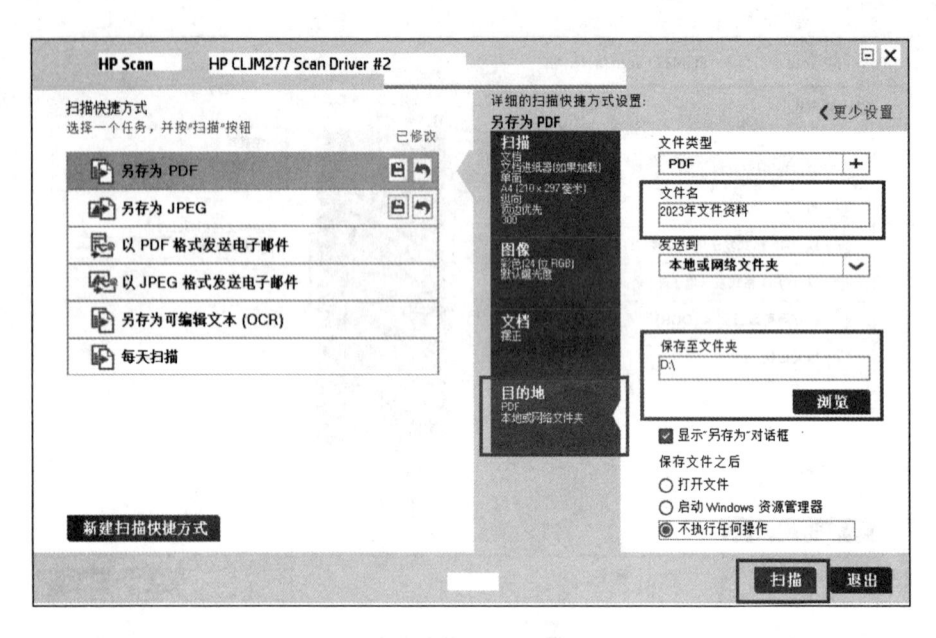

图 3—7 保存目的地设置

(9)点击扫描——预览页面——每个页面是否需要微调(颠倒可旋转图像,亮度和对比度不足可勾选"自动曝光度")(如图 3—8 所示)。

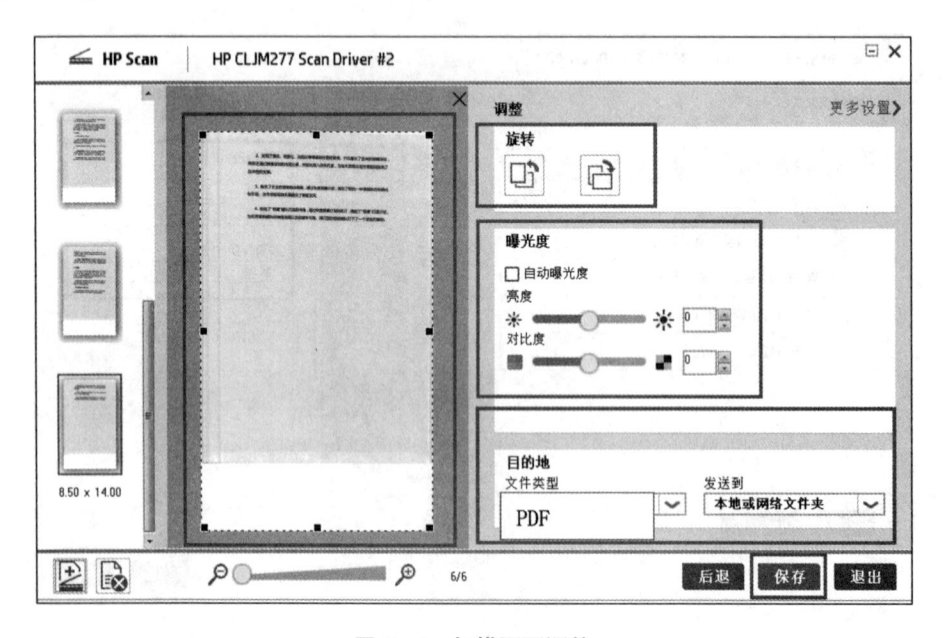

图 3—8 扫描页面调整

(10)保存格式:PDF,点击"保存"——扫描仪开始逐份扫描——扫描完毕,检查文档是否准确(如图 3—9 所示)。

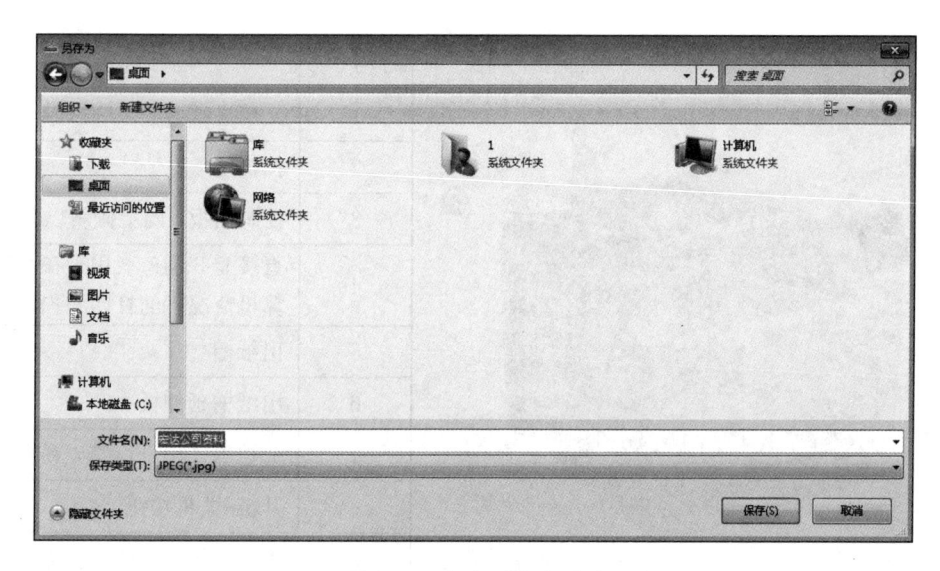

图 3—9　保存到指定地址

知其所以然：认识扫描仪

扫描仪作为重要的输入设备，已逐步成为办公和家庭必备的计算机外设之一。它可以把整幅图形、图片和文字材料快速输入计算机。用户可以利用扫描仪输入照片，建立自己的电子影集；输入各种图片，建立图片素材库；扫描手写信函，再用 E-mail 发送出去以代替传真机。还可以利用扫描仪配合 OCR 文字识别软件将输入的报纸或书籍内容转换为文字，免除键盘输入的辛苦。

一、扫描仪的分类

市场上的扫描仪种类很多，按不同的标准可分成不同的类型。

(1)按颜色分，可分为黑白扫描仪和彩色扫描仪。

(2)按扫描图像幅面的大小，可分为小幅面的手持式扫描仪、中等幅面的台式扫描仪和大幅面的工程图扫描仪。

(3)按扫描图稿的介质，可分为反射式(纸材料)扫描仪和透射式(胶片)扫描仪以及既可扫反射稿又可扫透射稿的多用途扫描仪。

(4)按用途，可分为用于各种图稿输入的通用型扫描仪和专门用于特殊图像输入的专用型扫描仪，如条码读入器、卡片阅读机等。

(5)按扫描方式，可分为手持式、平台式和滚筒式。手持式扫描仪小巧、简易、价廉，但扫描速度不稳定，效果较差；滚筒式扫描仪扫描效果最好，但价格较高；最常用的是以 CCD 为核心的平台式扫描仪，价格适中，扫描效果较好。普通的平台式扫描仪除了可以扫描照片、文本、杂志、报纸等反射稿以外，还可以扫描实物和底片。

二、扫描仪的结构

目前大部分企业不会配备专门的扫描仪，大多以一体机或者落地式复合机扫描为主，下面以 HP M277 彩色激光一体机为例(如图 3—10、图 3—11 所示)。

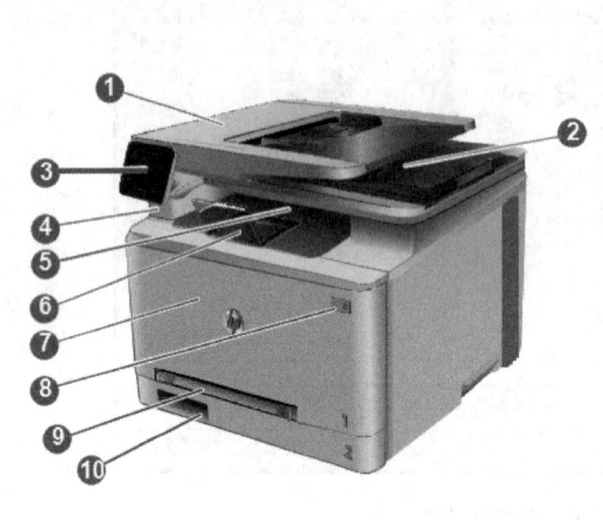

序号	名称
1	文档进纸器
2	扫描仪
3	控制面板（向上倾斜以便观看）
4	直接 USB 端口（用于在没有计算机情况下的打印和扫描）
5	出纸槽
6	出纸槽延伸板
7	前挡盖（用于检修碳粉盒）
8	开机/关机按钮
9	单页优先进纸槽（纸盘1）
10	主进纸盘（纸盘2）

图 3—10　HP M277 彩色激光一体机前视图

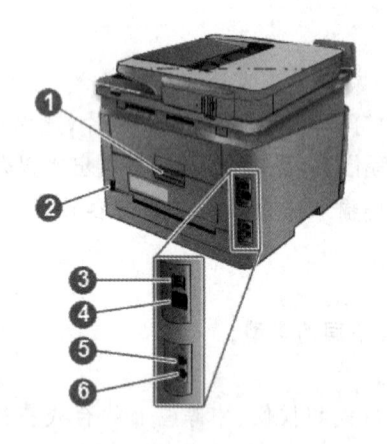

序号	名称
1	后挡盖（由此可清除卡纸）
2	电源接口
3	USB 端口
4	以太网端口
5	传真"线路输入"端口
6	传真电话端口

图 3—11　HP M277 彩色激光一体机后视图

三、扫描仪的操作标准

扫描仪的操作标准如表 3—1 所示。

表 3—1　　　　　　　　　　扫描仪的操作标准

内　容	操作标准	注意事项
控件的认识	能够正确说出扫描仪各个常见控件的名称及功能	1. 根据扫描的文件设定扫描参数 2. 识别效果不好时,要查找出原因,如亮度不够、文件倾斜等,应采取相应的处理方法
接口连接	通过 USB 接口将扫描仪连接到电脑上,将电源线与扫描仪连接	
安装软件	找到扫描仪的驱动程序,安装驱动程序	
启动软件	启动扫描软件、设定扫描参数	
放置原稿	将需要扫描的内容面向下放置,按照箭头位置对齐	
预览、扫描	预览扫描出的图像或文字,选择扫描范围,进行扫描	
调整图像或文字	根据要求微调(亮度、对比度、斜度)	
OCR 识别	能够区别文件中的文字、表格与图形,并识别文字	
保存	保存到指定的路径下	

四、常见的故障分析和解决办法

扫描仪常见的故障分析和解决办法如表 3—2 所示。

表 3—2　　　　　　　　扫描仪常见的故障分析和解决方法

故障现象	主要原因	解决办法
扫描仪没有反应	扫描仪和计算机之间的连线不正确	重新连接接口电缆,确保连接良好
	在打开扫描仪之前,首先打开了计算机,导致系统没有检测到扫描仪	先开启扫描仪的电源,然后再启动计算机。或者,在计算机已经开机的情况下,关闭扫描仪电源,隔几分钟后再重新打开,也能解决此问题
	没有正确地安装扫描仪驱动程序	重新安装
	通用串行总线 USB 未设置有效	在设备管理器中重新设置
	扫描仪本身出现故障	单击"设备管理器"的"刷新"按钮,查看扫描仪是否自检,如绿色指示灯稳定地常亮,则可排除扫描仪本身故障的可能性。如果扫描仪的红色指示灯不停地闪烁,则表明扫描仪状态不正常
	与其他设备发生硬件冲突	检查扫描仪是否与其他设备冲突(IRQ 或 L/O 地址),若有冲突,则可以更改 SCS 卡上的跳线
启动计算机后,找不到程序图标	程序安装不成功	重新安装软件
发出异响,无法扫描	确保保护锁未锁定	保护锁滑动到解锁位置
扫描仪速度很慢	扫描仪的分辨率设置得太高	通常设置为 300dpi 或更低

续表

故障现象	主要原因	解决办法
扫描的图像太亮或太暗	扫描窗口不干净	使用软布和专用清洁液清洁扫描窗口。注意不要用酒精之类的液体擦拭,那样会使扫描出的图像呈现彩虹色
	亮度或颜色值设置不合理	重新调整设置
扫描出来的图像出现网状图样	此情况多出现在原稿是印刷品时	尝试适当减少分辨率,直到网状图样消失为止
色彩的转换非常突然	使用的显示模式一次只能显示256色或16色	改用high-color或真彩模式
扫描出的画面颜色模糊	计算机显示器的设置不当	将显示器设置为16位色或以上

二、进阶任务:限时扫描准确无误

(一)引入案例

刘经理:"小王,将这份2页的纸质版策划案扫描成文字,记得校对一下格式和错别字,用Word保存,2小时内发到我的邮箱。"

小王:"收到!"

问题:小王应如何在2小时内完成这项工作任务?

(二)实现条件

设备类型	内　　容
硬件设施	以HP M226黑色激光一体机为例,电源线、数据线
软件设施	汉王OCR6.0

(三)任务步骤

操作步骤如下:

(1)打开"汉王OCR6.0"。

OCR文字识别

(2)选择合适的扫描仪设备:文件——选择扫描设备——根据使用的扫描仪选择(第一行是自带的扫描仪软件,第二行是汉王OCR6.0,第一项未安装,故选择第二项)(如图3—12、图3—13所示)。

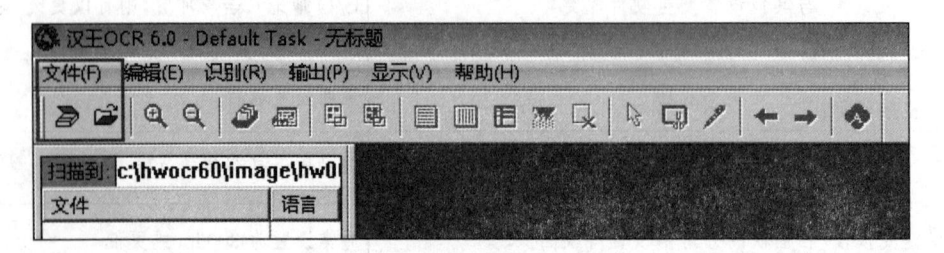

图3—12　文件——选择扫描设备

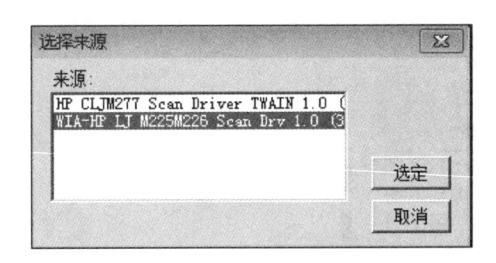

图 3-13　选择合适的扫描仪设备

（3）放置原稿（第 1 页放置）：根据不同类型扫描仪，以箭头位置为基准，一般呈左上角放置，原稿平铺，保证扫描的内容都在玻璃稿台之上，需要扫描的内容朝下放置（如图 3-14 所示）。

图 3-14　正确放置原稿

（4）扫描仪参数设置：点击扫描快捷键——个性化设置：调整已扫描照片的质量——分辨率：300；照片类型：黑白照片或文本（推荐）——确定（如图 3-15、图 3-16 所示）。

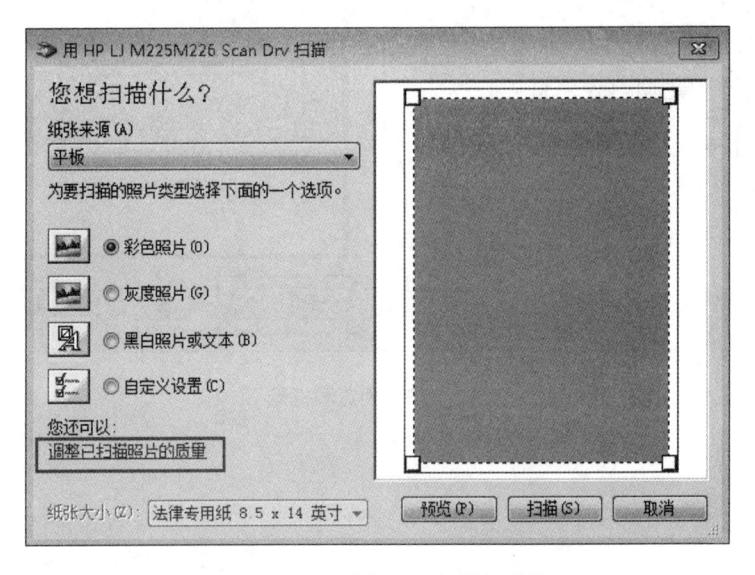

图 3-15　个性化设置扫描仪参数

图 3-16　个性化设置——分辨率：300；照片类型：黑白照片或文本

（5）预览：查看扫描内容是否端正，将曝光的黑边截除（根据页面的具体情况决定是否需要旋转图像或者倾斜矫正）（如图 3-17 所示）。

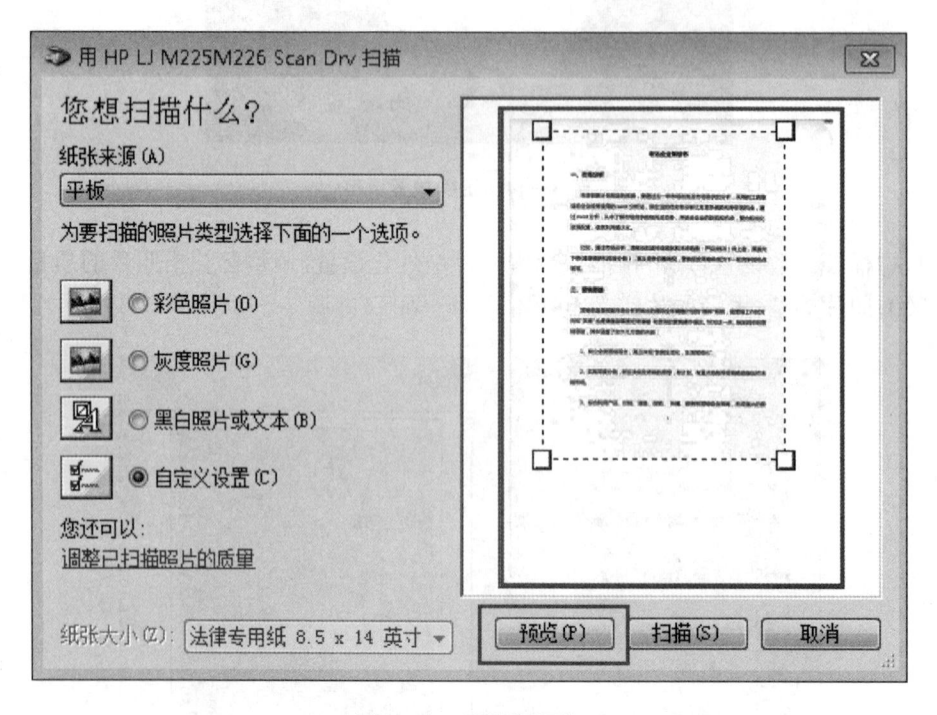

图 3-17　预览和框选

(6)识别——版面分析[①](如图 3—18、图 3—19 所示)。

图 3—18　版面分析颜色划分工具

图 3—19　版面分析颜色划分效果

---

① 版面分析是将扫描得到的图像划分出每一个区域块。如红色代表横排的文字、紫色代表竖排的文字、蓝色代表表格、绿色代表图形图像，而且标明不同区域块之间的顺序，以便系统依次识别处理。对于特别复杂的图像版面，自动分析后，需人工手动辅助调整。

（7）识别——开始识别（识别后检查预览效果，如不理想，可重新调整后再次识别）（如图3—20、图3—21所示）。

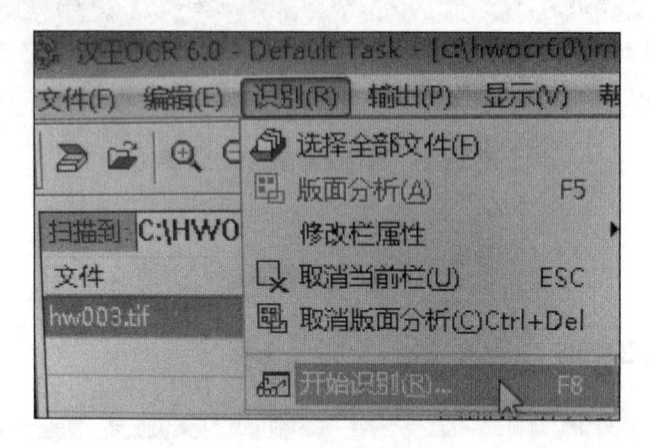

图3—20　开始识别

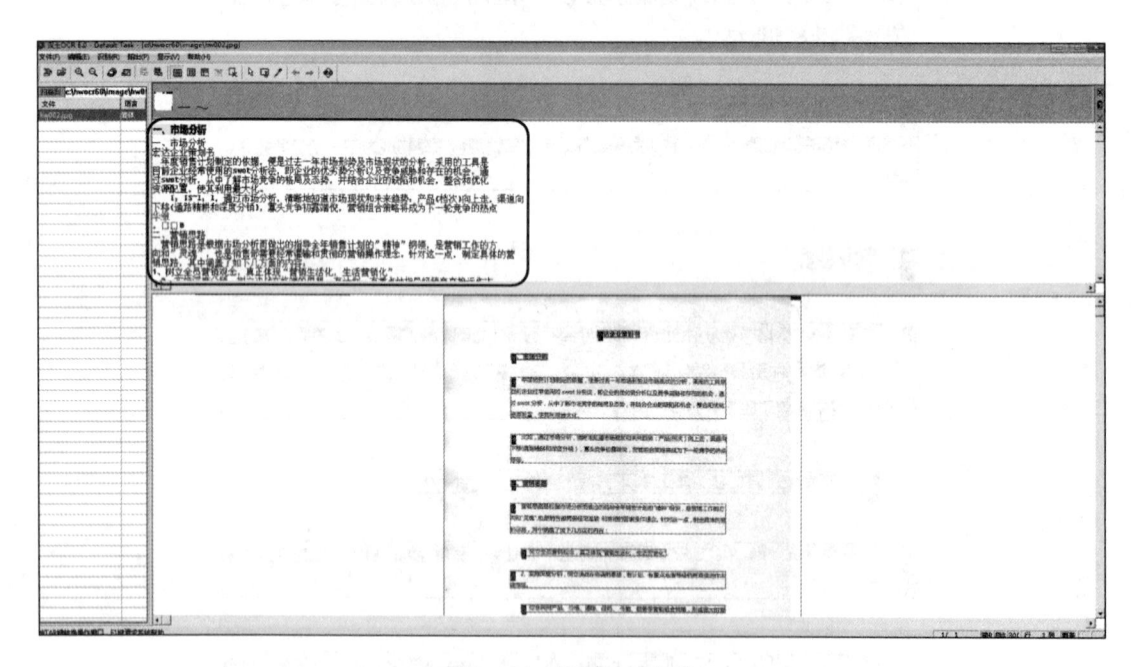

图3—21　识别后的文字

（8）校对文本，修改错别字。
（9）常见的两种保存方式：TXT记事本保存——输出——到指定格式文件——输入文件名：宏达公司策划书，保存到指定地址——点击保存（如图3—22、图3—23所示）。Word文档保存——选中需要保存的文字内容——Ctrl＋C——桌面新建一个Word文档——输入文件名：宏达公司策划书——粘贴（Ctrl＋V）。

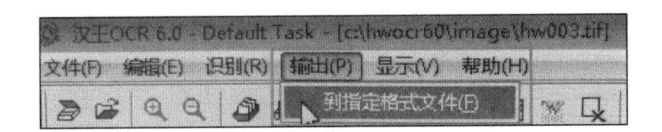

图 3—22　输出——到指定格式文件

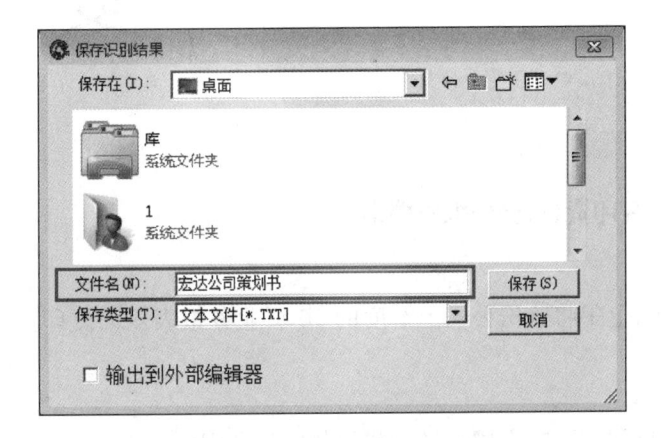

图 3—23　保存为 TXT 格式

(10)不关闭扫描仪,点击扫描键,第二份文本同理扫描、校对和保存。

三、**此中真义:天下大事,必作于细**

战国时期法家代表人物韩非子曾写道:"慎易以避难,敬细以远大。"职场中要有宽阔的视野,博大的胸襟,也要避免太过随意,不重视细节。要谨慎地对待容易的事情,以避免困难出现,郑重对待细小的漏洞从而远离大的灾祸。即便扫描的手段和功能已经日新月异,简单到用手机拍照就可以实现文字识别,似乎根本不需要动用脑力,但其实快捷办公手段背后,更加考验职场人的文字处理能力和敬业精神。如果一切借助机器和软件,丧失或者放弃了人的主观能动性,那人等同于机器,失去了灵魂。

任务训练

1. 扫描 10 张彩色照片,要求:彩色输出,JPG 格式,保存在桌面上。请简述操作流程和注意事项。

2. 使用 OCR 文字识别软件,"识别"后的文字出现严重的乱码,通常是什么原因?应该如何处理?

项目四

复印报表

一、基础任务:复印资料,整理纸质档案

(一)引入案例

刘经理:"小王,上午将这份公司上季度的 10 页业务报表双面复印,一式 10 份,下午开会时用。"

小王:"好的!"

问题:小王应该如何及时完成领导交代的复印任务呢?

(二)实现条件

设施类型	内　容
硬　件	以佳能 2520i 复合机为例,电源线
软　件	无

(三)任务步骤

复印机是各类办公室中使用最广的一种办公自动化设备,它是一种融光、电、磁于一体的高科技产品。自从 1949 年美国施乐公司推出第一台商用模拟复印机以来,复印机作为一种文印工具,已成为现代办公不可缺少的设备,普遍使用于各行各业。另一种是日本佳能公司于 1991 年推出的数码式复印机。随着科学技术的发展,数码式复印机以其优越的性能正在逐渐取代模拟式复印机。复印机的广泛应用,使我们能方便、高速、廉价地得到文件和资料的复印品。下面展示通用的复印操作流程(如图 4—1 所示)。

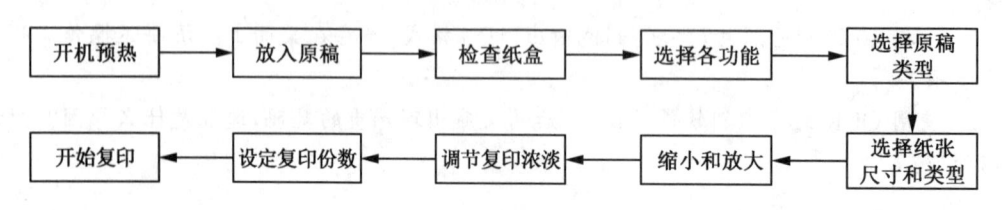

图 4—1　复印操作流程

具体操作步骤如下:

(1)开机预热。

(2)放置原稿,批量作业建议置于自动输稿器,需要复印的一面朝上放置,

双面复印

纵向推入(如图4－2所示)。

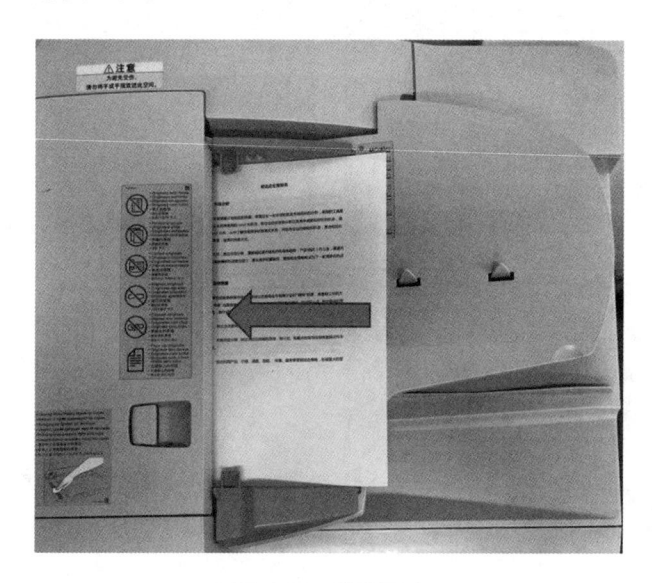

图4－2 放置原稿

(3)复印纸的选择与安装。将所需A4尺寸的足量复印纸装入纸盒,固定长度和宽度导纸板,并将纸盒推入机器供纸入口处(如图4－3所示)。

图4－3 放置送稿(白纸)

(4)双面复印设定:双面——选择单面－双面——翻页效果:书本类型——完成(如图4－4所示)。

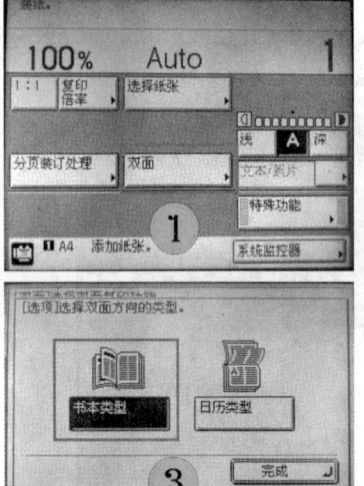

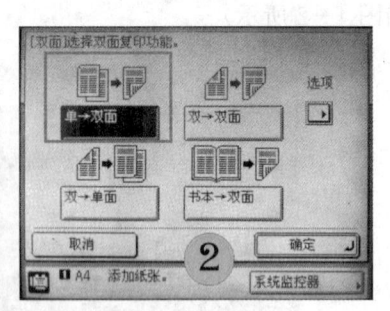

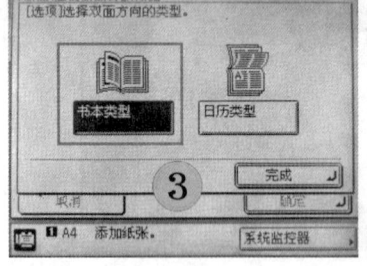

图 4—4 双面复印设定流程

(5)选择纸张：送稿纸张为 A4 纵向，置于抽屉 1，故选择 1(如图 4—5 所示)。
(6)调节浓淡——左浅右深(如图 4—6 所示)。

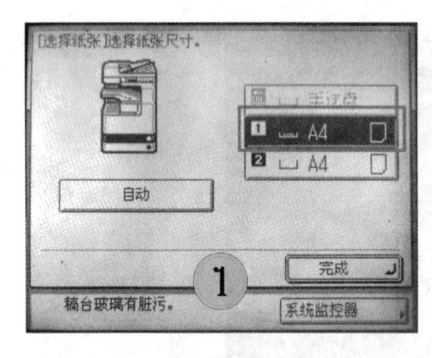

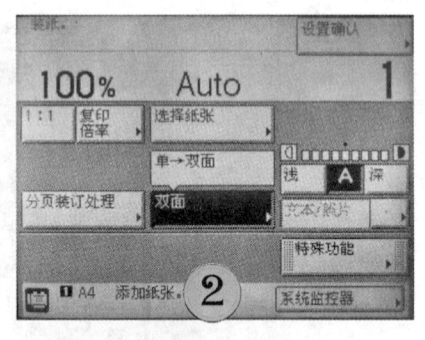

图 4—5 选择纸张位置　　　　图 4—6 选择纸张和调节浓淡

(7)分页装订处理——分套更方便，按 ABC 顺序的方式依次复印(如图 4—7 所示)。

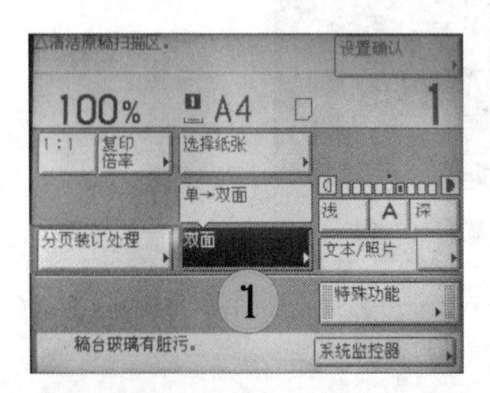

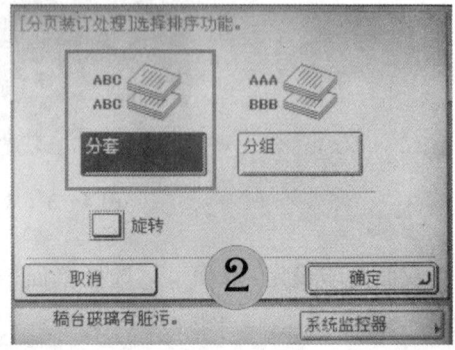

图 4—7 分页装订处理的设置

(8)设定复印份数:10(注意:利用置数键可预先设定复印份数,若改变已设定的份数,可按下清除键后再重新设定。)(如图4—8所示)。

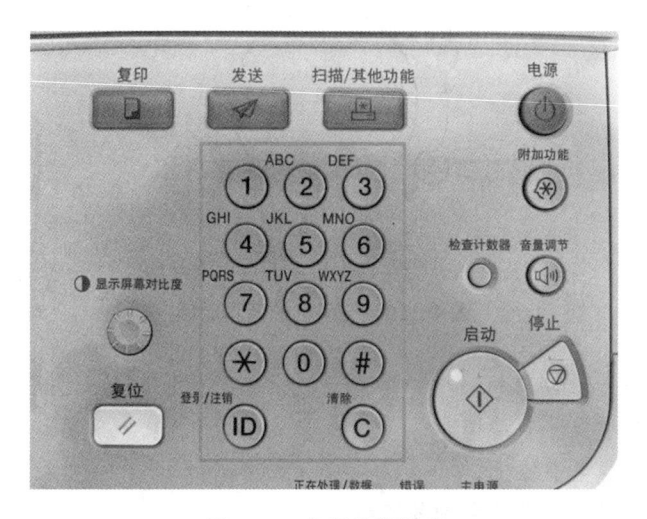

图4—8 复印份数设定

(9)开始复印:检查选项无误后,按下"启动" 键即可按设定开始复印,自动输出复印件(如图4—9所示)。

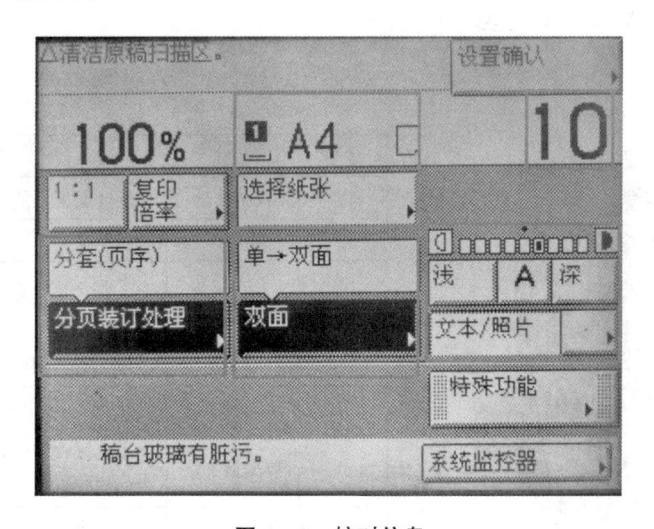

图4—9 核对信息

知其所以然:认识复印机

一、复印机的分类

复印机的基本原理如图4—10所示。

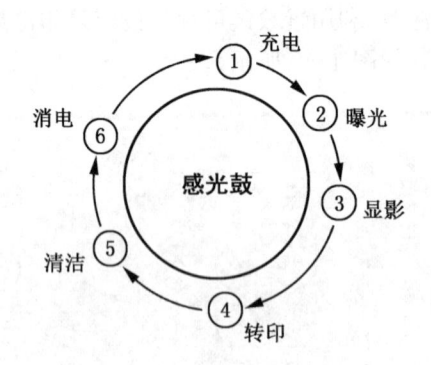

图 4—10　复印机的基本原理

(1)对感光体进行均匀充电。
(2)感光体曝光形成静电潜像。
(3)墨粉吸附到静电潜像上。
(4)感光体上的墨粉图像转印到复印纸上。
(5)清除残留在感光体表面(剩余墨粉)的墨粉。
(6)消除残留在感光体表面(剩余电荷)的电荷。

复印机按照基本技术分类,可分为模拟复印机和数码复印机;按照应用范围分类,可分为主流办公型复印机、便携式复印机和工程图纸复印机。

二、复印机的结构

复印机结构如图 4—11 所示。

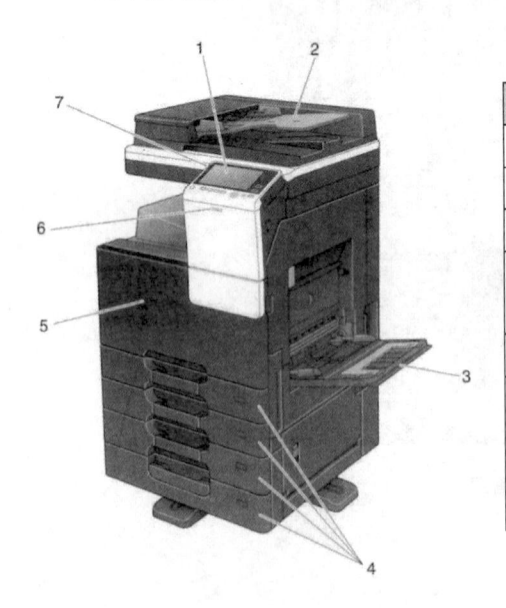

序号	名称	功能
1	控制面板	使用此面板上的触摸屏或按钮操作本机
2	原稿进纸盒	装入原稿
3	手送托盘	用于装入自定义尺寸的纸张或特殊纸张
4	纸盒	用于装入标准尺寸的纸张。纸盒数量因所需安装的纸盒纸柜而异
5	前门	打开此门可以更换耗材或对本机进行维护
6	数据指示灯	当本机接收作业时闪烁蓝光。如果作业当前假脱机,则此指示灯亮蓝光
7	警告指示灯	发生警告时闪烁黄光。本机因错误停止时亮起黄光

图 4—11　美能达 C226 复印机前视图

三、复印机的幅面规格

复印机的幅面规格如图 4—12 所示。

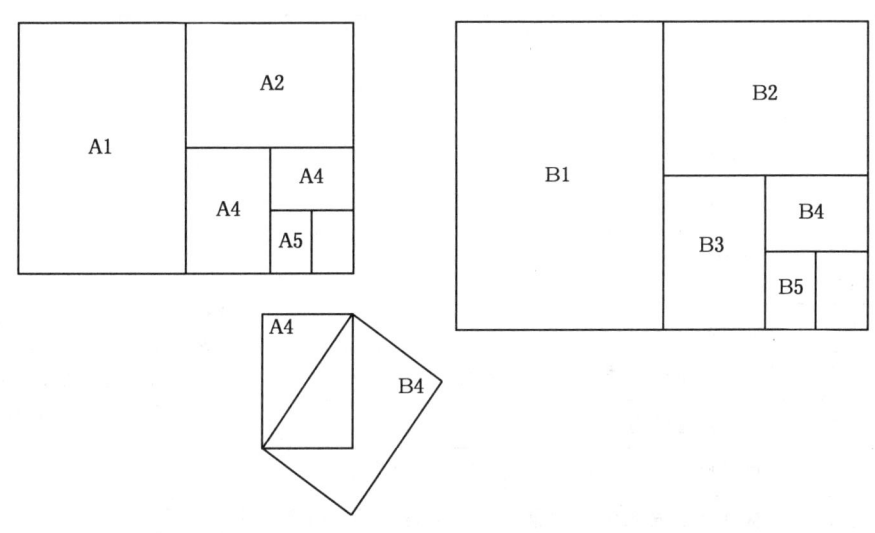

规格	幅宽/mm	长度/mm	规格	幅宽/mm	长度/mm
A0	840	1188	B0	1000	1414
A1	594	840	B1	707	1000
A2	420	594	B2	514	728
A3	297	420	B3	353	500
A4	210	297	B4	250	353
A5	148	210	B5	176	250
A6	105	148	B6	125	176

图 4—12　复印机幅面规格图解

四、复印机的操作标准

复印机的操作标准如表 4—1 所示。

表4—1　　　　　　　　　　　复印机的操作标准

内　容	操作标准	注意事项
控件的认识	能够正确说出开关位置、纸盒、控制台上常见控件的名称及功能	复印过程中，一旦卡纸，不可直接用手拽出卡住的纸张，这样容易损坏机器，要采取正确的方法取出所卡纸张
预热	开机预热	
放入原稿	全自动稿台：将需要复印的材料向上放置到正确位置 玻璃板：将需要复印的材料向下放置到正确位置	
放入送稿	需要复印的那一面向上放置	
选择各功能	普通复印、双面复印、卡复印	
纸张尺寸	根据纸张大小选择正确的纸张尺寸	
选择原稿类型	横向或者纵向	
调节浓淡	根据原件的清晰度与浓淡选择碳粉的深浅	
设置倍率	根据要求放置缩放的倍率。一般情况下，A3缩小到A4的倍率为70%，A4放大到A3的倍率为142%	
设定复印份数	根据需要设定复印份数	
开始复印	按启动或者开始键	

五、常见的故障分析与解决办法

复印机常见的故障分析与解决办法如表4—2所示。

表4—2　　　　　　　复印机常见的故障分析与解决办法

故障现象	主要原因	解决办法
卡纸	同一包纸厚薄不均，尺寸不一，甚至有缺损；纸的边缘有毛茬；纸毛太多	打开机门或左右侧板，取出卡住的纸张，然后应检查纸张是否完整，不完整时应找到夹在机器内的碎纸。分页器内卡纸时，需将分页器移离主机，压下分页器进纸口，取出卡纸。如果复印机经常卡纸，则说明机器有故障，需要维修
面板显示添加纸张或者红灯常亮	缺纸	补充纸张
面板上墨粉不足的信号灯闪烁	墨粉不足	更改新墨粉。如果不及时补充，则复印机的复印质量将下降，甚至无法工作
面板提示废粉过多的信号	废粉过多	复印机在成像过程中会产生很多废墨粉，收集在一个盒中，废粉装满后会在面板上显示信号，此时必须及时倒掉，否则将会影响复印质量
成品全黑、黑底、黑点	检查曝光灯是否有老化或者不亮	如果是不亮或老化，则更换曝光灯、灯控板或灯保险
	鼓粉盒组件是否老化	如是，则更换鼓粉盒组件
	原稿玻璃是否有污点	如是，则清洁原稿玻璃
	废粉过多	清洁废粉

二、进阶任务:高效复印不求人

(一)引入案例

小王:"张姐,麻烦请教一下银行卡怎么复印,我刚刚试了几次,复印出来的效果都不太理想,还卡了好几次纸。刘经理交代这批银行卡都要复印成纵向居中,正反卡面都要复印在同一面上,您看,这么多证件,有什么方法可以又快又方便地完成任务?"

张姐:"那你真是找对人了,刚开始我也像你一样,复印卡片速度慢、效果差,后来我请教了一位开过复印店的朋友,技巧复印简直事半功倍,不仅速度快、效果好,连卡纸问题都一并解决了。"

小王:"说得我都迫不及待地想试试了,快教教我!"

问题:对于有特定要求的复印任务,应该如何完成?

(二)实现条件

选用设备:佳能 2520i 黑色复印机。

(三)任务步骤

(1)开机预热。

(2)打开玻璃稿台压板,放置证件,正面朝下横向放置(置于玻璃稿台顶端左侧),卡片右侧贴于 A5 刻度线(如图 4—13 所示)。如果没有规定每张纸只能复印 1 张卡面,就可以将 2 张卡片的正反面同时复印在同一张纸上,以节约时间,提升工作效率。

证件复印

图 4—13 证件的正确放置

(3)复印纸的选择与安装。将所需 A4 尺寸的足量复印纸装入纸盒,固定长度和宽度导纸板,并将纸盒推入机器供纸入口处(如图 4—14 所示)。

图 4—14　送稿的正确放置

（4）设定证件复印：复印——特殊功能——ID 卡复印——选择版面类型：显示上/下——下一步——选择纸张类型：抽屉 1，A4 纵向——确定——完成——启动——调节浓淡——启动(扫描证件第 1 面)——证件换面：水平翻转，原位放置——启动。

（5）检查复印内容，取走卡片，关机。

（6）常见的故障分析与解决。

①卡纸。出现纸张厚薄不均，尺寸不一，受潮、有褶皱或缺损，机器预热不充分，纸张放置不准确时都会容易造成卡纸。正确解决方法：关机，打开右侧面板，取出卡住的纸张，然后检查纸张是否完整，不完整时应找到夹在机器内的碎纸，关上侧板。

②面板显示添加纸张或者红灯常亮。正确解决方法：补充纸张。

③面板上墨粉不足的信号灯闪烁。正确解决方法：关机，更换新墨粉。

三、此中真义：举一反三，方得真技

《论语·述而》："举一隅不以三隅反，则不复也。"学习贵在融会贯通，劳动技能也要能够形成有效迁移。职场小白除了尽快掌握各类办公设备的使用方法之外，还应该通过观察、学习、思考和实践，增强自己处理业务过程中举一反三的能力，灵活应对各种突发状况、特殊要求和特别流程，圆满完成任务，提高工作效能。

任务训练

1. 双面复印公司的 10 页会议材料，要求：彩色，纵向，缩放比例：A5—A4，浓度加深 2 档，一式 20 份，请简述操作流程和注意事项。

2. 电源已经接通，控制面板显示"添加纸张或者红灯常亮"，无法继续操作，通常是什么原因？应该如何处理？

项目五

组织业务培训

一、基础任务：配置会场多媒体环境

（一）引入案例

刘经理："小王，明天早上 9：00，小会议室需要组织新业务培训，需要布置一下会场。培训通过 PPT 授课方式，需要使用会议室的投影仪和音响，检查一下这些设备能否正常使用。"

小王："好的，领导请放心！"

（二）实现条件

设施类型	内　　容
硬件	VIVItek 丽讯投影仪、电源线、VGA 接口、遥控器
软件	无

安装和设置投影仪的流程如图 5-1 所示。

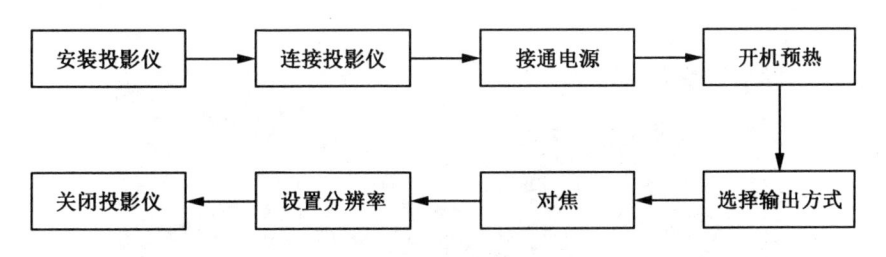

安装投影仪 → 连接投影仪 → 接通电源 → 开机预热 → 选择输出方式 → 对焦 → 设置分辨率 → 关闭投影仪

图 5-1　投影仪安装和设置流程

（三）任务步骤

（1）安装和连接投影仪：排查电源线和 VGA 数据连接线是否准确连接（如图 5-2、图 5-3、图 5-4 所示）。

投影仪的配置和使用

图 5—2　VIVItek 丽讯投影仪正反面接口配置

图 5—3　电源线

图 5—4　VGA 数据连接线

(2)连接台式电脑或笔记本(VGA 连接)。

①使用提供的 VGA 数据连接线,将一端连接电脑/笔记本信号输出插口(如图 5—5 所示)。

图 5—5　VGA 数据连接线连接至笔记本

②将 VGA 电缆的另一端连接投影机的信号输入插口(如图 5—6 所示)。

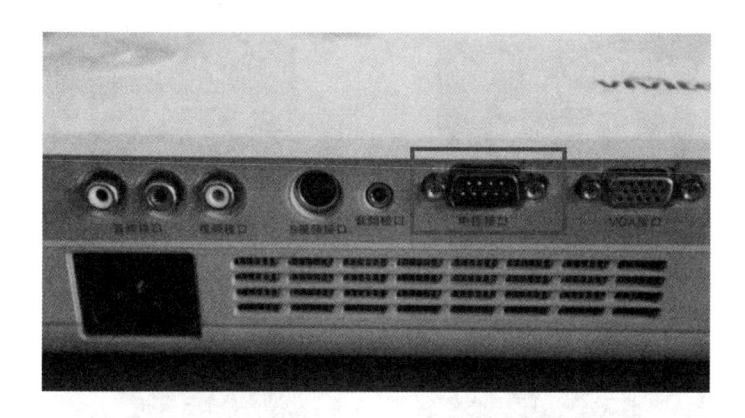

图5—6　VGA数据连接线连接至投影仪

(3)连接电视机或远程教育设备:将电视机或远教设备的三色视音频插头分别对应插入三个插孔中,即可完成连接(如图5—7所示)。

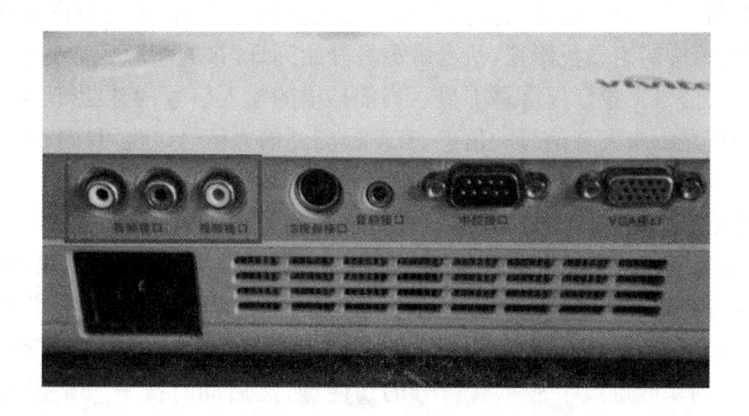

图5—7　三色视音频插头

(4)连接音响:音响上的音频线插口须插入投影仪上的"音频接口"(如图5—8、图5—9所示)。

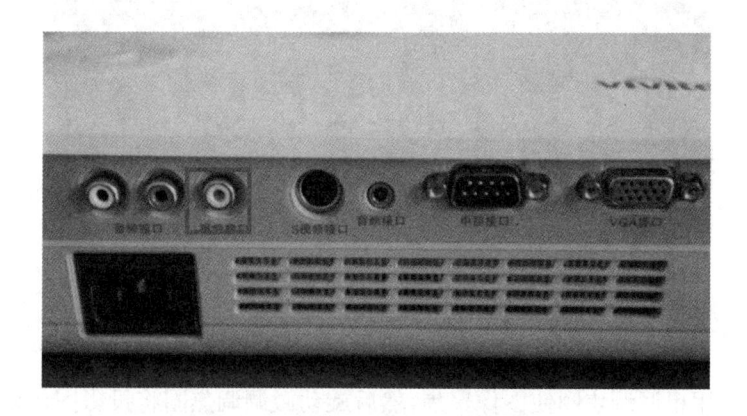

图5—8　音响音频线对接音频接口

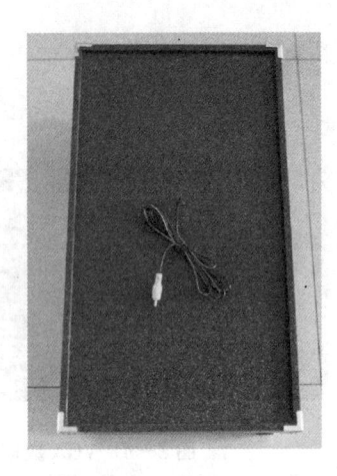

图 5—9　音响音频线对接音响

(5)取下镜头盖:如果镜头盖保持关闭,则可能会因为投影灯泡产生的热量而导致变形。

(6)接通电源并开机预热:进行任何连接前需关闭所有设备,不可反向操作。按投影仪或遥控器上的电源按钮启动投影仪,机身电源灯开始闪烁,接通电源后常亮蓝色。

(7)搜索输入信号。投影仪屏幕上显示当前扫描的输入信号,若投影仪未检测到有效信号,屏幕上将一直显示未发现信号的信息,直至检测到输入信号。也可按投影仪或遥控器上的"信号源"按钮选择所需输入信号。

(8)外接笔记本电脑时的图像调试:投影机在使用笔记本电脑作为输入信号时,其输出信号方式受笔记本电脑控制,有四种状态供选择:①液晶屏有,外接显示设备无;②液晶屏有,外接显示设备有;③液晶屏无,外接显示设备有;④液晶屏无,外接显示设备无。可通过功能键 Fn+Fx(x 的数值因电脑的不同而有所不同)切换。具体方法是在笔记本电脑上找到标 CRT/LCD 的功能键或带显示器符号的功能键,然后同时按下[Fn]和标示的功能键(如图 5—10 所示)。

图 5—10　外接笔记本电脑时的图像调试

(9)对焦:使用粗调调焦圈使图像聚焦,然后旋动微调调焦圈将投影图像调节至清晰。

(10)自动调整图像:在某些情况下,可能需要优化图像质量。要达到此目的,只需按投影仪或遥控器上的"自动调整"按钮即可(如图5—11所示)。

图5—11 自动调整图像

(11)关闭投影仪。

①按电源 ,屏幕上将显示确认提示信息。如果未在数秒钟内响应,该信息就会消失。

②再按一次电源,蓝色的电源指示灯开始闪烁,然后投影机灯泡熄灭,风扇则会继续运转大约90秒钟以冷却投影机。

③冷却过程完成后,电源指示灯将常亮蓝色,风扇也将停止运行。

④在投影机关闭次序完成之前或在90秒钟的冷却过程中,切勿拔掉电源线。

知其所以然:认识投影仪

投影仪(Projector,又称投影机)是一种可以将图像或视频投射到幕布上的设备,可以通过不同的接口同计算机、VCD、DVD、游戏机、DV等连接,并播放相应的视频信号,广泛应用于家庭、办公室、学校和娱乐场所。

无论是简单的办公室会议还是小型的线下活动,投影仪都是必不可少的利器:既能有不错的显示效果,也不用受屏幕尺寸的约束。尽管越来越多的智能电视可供电脑连接,但真正派上用场的时候,拎箱就走的投影仪显然是最佳选择。

一、投影仪的基本原理

投影仪的基本原理是利用光学元件将工件的外形、轮廓放大,然后将其投影到屏幕上。

它可用透射光作轮廓测量,也可用反射光测量不通孔的表面形状。除用于观影,投影仪还常被用于复杂轮廓和细小工件的测量。

二、投影仪的分类

1. 按照放置形式分类

投影仪按照放置形式分类,分为台式投影机和落地式投影机。

台式投影机是一种最常见的投影仪,一般需要借助一个高低合适的支撑平台放置。

落地式投影机可以直接放在地上,不需要借助另外的支撑物就可以直接使用,当然它的体积较大。

2. 按照投影技术分类

投影仪按照投影技术分类,分为透射式投影机(LCD)、反射式投影机(DLP)、反射透射结合式投影机和 CRT 投影机。

投影机自问世以来发展至今已形成三大系列:液晶(Liquid Crystal Display,LCD)投影机、数字光处理器(Digital Lighting Process,DLP)投影机和阴极射线管(Cathode Ray Tube,CRT)投影机。

LCD 投影机采用的是透射式投影技术,目前最为成熟。投影画面色彩还原真实鲜艳,色彩饱和度高,光利用效率很高,LCD 投影机比用相同瓦数光源灯的 DLP 投影机有更高的 ANSI 流明光输出,目前市场上高流明的投影机以 LCD 投影机为主。它的缺点是黑色层次表现不是很好,对比度一般都在 500∶1 左右徘徊,投影画面的像素结构可以明显看到。

DLP 投影机采用的是反射式投影技术,是现在高速发展的投影技术。它的采用,使投影图像灰度等级、图像信号噪声比大幅度提高,画面质量细腻稳定,尤其在播放动态视频时图像流畅,没有像素结构感,形象自然,数字图像还原真实精确。出于成本和机身体积的考虑,目前 DLP 投影机多半采用单片 DMD 芯片设计,所以在图像颜色的还原上比 LCD 投影机稍逊一筹,色彩不够鲜艳生动。LCD 与 DLP 的影像比较如图 5—12 所示。

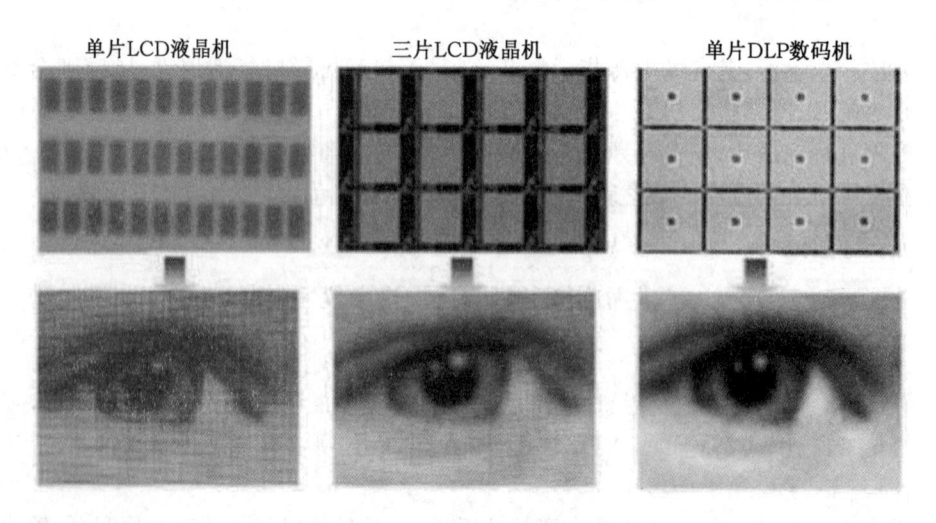

图 5—12 LCD 与 DLP 的影像比较

反射透射结合式投影机的光源同样位于上面,光线经螺纹背面的金属膜反射后,又透过投影片,从而形成影像。在它成像的过程中既有反射又有透射,因此称之为反射透射结合式投影机。

CRT投影机采用技术与CRT显示器类似,是最早的投影技术。它的优点是寿命长,显示的图像色彩丰富,还原性好,具有丰富的几何失真调整能力。由于技术的制约,无法在提高分辨率的同时提高流明,直接影响CRT投影机的亮度值,到目前为止,其亮度值始终徘徊在300流明以下,加上体积较大和操作复杂,已经被淘汰。

3. 按照应用环境分类

投影仪按照应用环境分类,分为家庭影院型、商务便携型、教育会议型、主流工程型、专业剧院型和测量投影仪。

(1)家庭影院型投影仪:其特点是亮度都在2 000流明左右(随着投影仪的发展这个数字在不断增大,对比度较高),投影的画面宽高比多为16∶9,各种视频端口齐全,适合播放电影和高清晰电视,适于家庭用户使用。

(2)商务便携型投影仪:一般把重量低于2千克的投影仪定义为商务便携型投影仪,这个重量跟轻薄型笔记本电脑不相上下。商务便携型投影仪的优点是体积小、重量轻、移动性强,是传统的幻灯机和大中型投影仪的替代品,轻薄型笔记本电脑跟商务便携型投影仪的搭配,是移动商务用户在进行移动商业演示时的首选搭配。

(3)教育会议型投影仪:一般定位于学校和企业应用,采用主流的分辨率,亮度在2 000～3 000流明,重量适中,散热和防尘做得比较好,适合安装和短距离移动,功能接口比较丰富,容易维护,性价比也相对较高,适合大批量采购普及使用。

(4)主流工程型投影仪:相比主流的普通投影仪来讲,工程投影仪的投影面积更大、距离更远、光亮度很高,而且一般还支持多灯泡模式,能更好地应付大型多变的安装环境,适用教育、媒体和政府等领域。

(5)专业剧院型投影仪:这类投影仪更注重稳定性,强调低故障率,其散热性能、网络功能、使用的便捷性等做得很强。当然,为了适应各种专业应用场合,这类投影仪最主要的特点还是其高亮度,其亮度一般可达5 000流明以上,高者可超10 000流明。由于体积大,重量重,通常用在特殊用途,例如剧院、博物馆、大会堂、公共区域,还可应用于监控交通、公安指挥中心、消防和航空交通控制中心等环境。

(6)测量投影仪:这类投影仪不同于以上几类投影仪,早期称轮廓投影仪,随着光栅尺的普及,投影仪都安装上高精度的光栅尺,便又叫测量投影仪(如国内较著名的测量投影仪有高诚公司生产的CPJ-3015)。其作用主要是将产品零件通过光的透射形成放大的投影,然后用标准胶片或光栅尺等确定产品的尺寸。随着工业化的发展,这种测量投影仪已经成为制造业最常用的检测仪器之一。按其投影的方式分为立式投影仪和卧式投影仪。按其比对的标准不同又分为轮廓投影仪和数字式投影仪。

三、投影仪的结构

投影仪的结构如图5—13和图5—14所示。

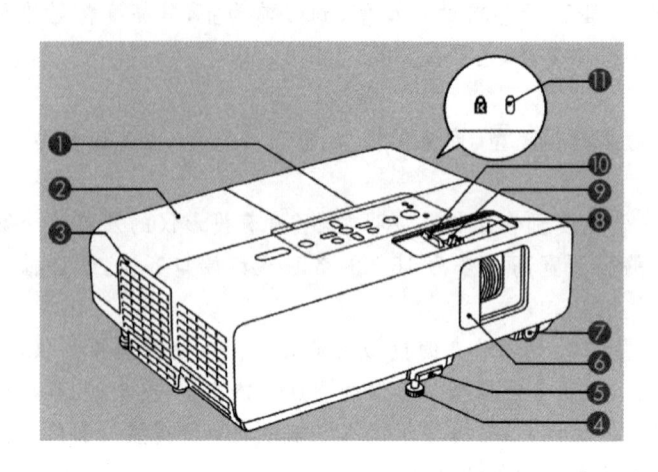

序号	名称
1	控制面板
2	灯泡盖
3	排气口
4	前可调撑脚
5	撑脚调节杆
6	A/V无声滑盖
7	遥控接收器
8	聚焦环
9	变焦环
10	A/V无声滑盖滑钮
11	防盗安全锁孔

图 5—13 爱普生 EMP-X5 前视图

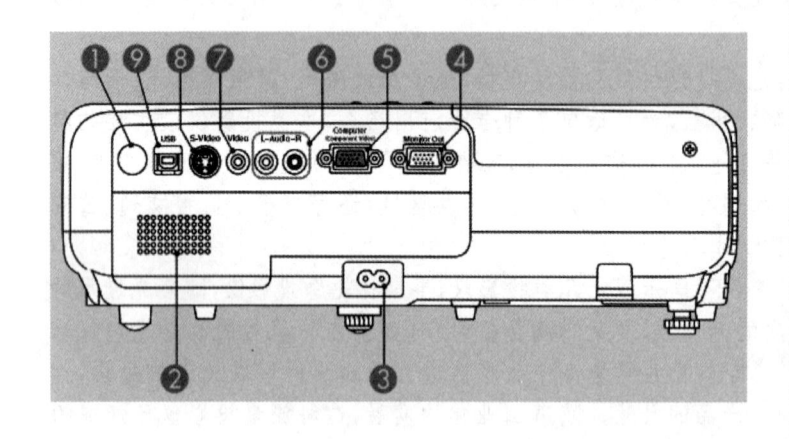

序号	名称
1	遥控接收器
2	扬声器
3	电源插座
4	显示器输出端口
5	计算机输入端口
6	音频左/右输入端口
7	视频输入端口
8	S-Video输入端口
9	USB输入端口

图 5—14 爱普生 EMP-X5 后视图

四、投影仪的操作标准

投影仪的操作标准如图 5—15 所示。

项目五　组织业务培训

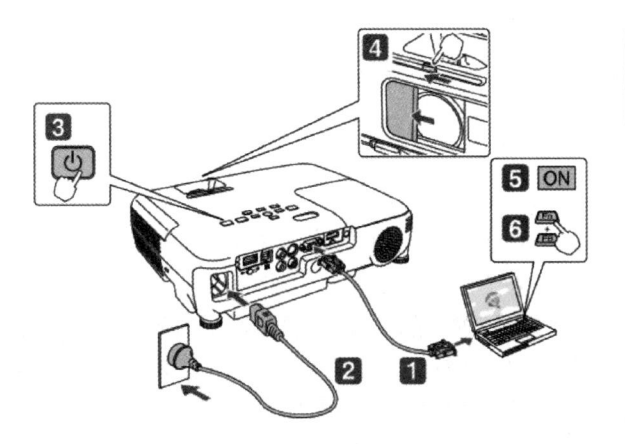

序号	内容
1	用计算机电缆将投影机连接到计算机
2	用电源线将投影机连接到电源插座
3	打开投影机
4	打开 A/V 静音滑盖
5	启动计算机
6	切换计算机的屏幕输出

图 5—15　投影仪的操作标准

五、常见的故障分析与解决办法

投影仪常见的故障分析与解决办法如表 5—1 所示。

表 5—1　　　　　　　　　　投影仪常见的故障分析与解决办法

故障现象	主要原因	解决办法
接通电源后无任何反应	外接电源与投影仪标准不同	重新配置
	外接电源插座没有接牢	接牢
	投影机内部供电电路发生损坏	更换新的投影机内部供电电源
工作中突然死机	偶然性的断电可能为电源插头人为触动导致	待机器冷却后重新插好开机
	规律性的断电可能是投影机自动开启过热保护功能	关闭投影机、切断电源,待冷却后再开机即可
投影机投射画面出现偏色	投影机内部光学系统中的偏正片损坏	更换新的偏正片(最好请专业维修人员更换)
不能投影整个图像内容	投影机的分辨率有问题	重新调整计算机的分辨率参数和投影机的分辨率参数
投影机产生变形失真现象	投影机与投影屏幕之间的位置没有摆正	调整投影机的升降脚座或投影机的位置高度
投影画面中央较亮,四周很暗	光引擎吸入了大量灰尘	清洗整机
	灯泡老化	更换灯泡
投影机所投图像出现重影	连接电缆性能不良,传输距离过长	更换信号线

二、进阶任务:无线时代的会场环境

(一)引入案例

刘经理:小王,下周公司临时借用了一个大场地办理业务推广活动,你负责无线投影仪的使用与管理,届时现场需要通过手机或笔记本电脑无线投屏推广内容,你去了解一下如何操作,活动当天需保证正常使用。

小王:好的,刘总放心。

(二)实现条件

选用设备:当贝投影 D3X 为例(系统版本为当贝 OS 2.0),笔记本电脑、苹果或者安卓手机。

(提示:很多人对投影仪的印象可能是一个笨重、烦琐的设备,这要归咎于其复杂的操作和接口配置缺失,例如很多投影仪仅提供了 VGA 和 HDMI 接口,连接电脑需要额外配置转接器,外出的时候也需要随身带着一大堆线缆。这样过时的连接方式在无线设备大行其道的当下就显得复杂低效,想连手机就更麻烦了。如果遇到多人演示,还需要反复插拔和调试不同设备。有没有什么投影仪,既能拎箱就走,还能让我们从线缆缠身中解放双手?事实上,现在的许多投影仪也开始追随无线时代的脚步开始进化,不仅解决了线缆的复杂烦琐问题,还针对商务会议场景加入了许多实用的智能功能,在看似传统的外观下隐藏着智慧的"大脑"。)

(三)任务步骤

(1)打开投影仪投屏功能

打开投影仪,在投影仪应用商店搜索 LBTP,搜索乐播投屏之后下载打开,从而让智能投影仪发布投屏功能。或者在"我的应用"里找有没有关于无线投屏和乐播投屏的应用,大部分投影仪都已经预装了乐播投屏。

(2)投屏——电脑

打开电脑,使用百度搜索乐播投屏官网,进入乐播投屏官网,找到软件下载,下载乐播投屏 PC 版,安装到电脑上,从而让电脑也有投屏功能。乐播投屏支持 Windows7 以上的电脑投屏。检查网络,投影仪和电脑是否连接了一个网络。打开电脑上的乐播投屏,让电脑开始搜索投影仪,搜到之后开始投屏(如图 5—16 所示)。

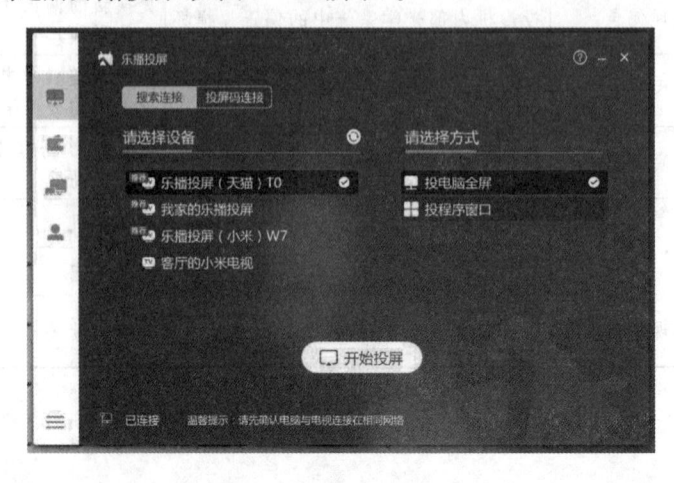

图 5—16 电脑投屏设置

(3)投屏——手机

将手机和投影仪连接到同一个网络,并在"我的应用"中打开"当贝投屏"(如图5-17所示)。

图5-17 打开"当贝投屏"

安卓手机(如华为P40,系统版本为EMUI 11)进入手机设置,选择"更多连接"——"手机投屏",打开无线投屏功能(如图5-18所示)。

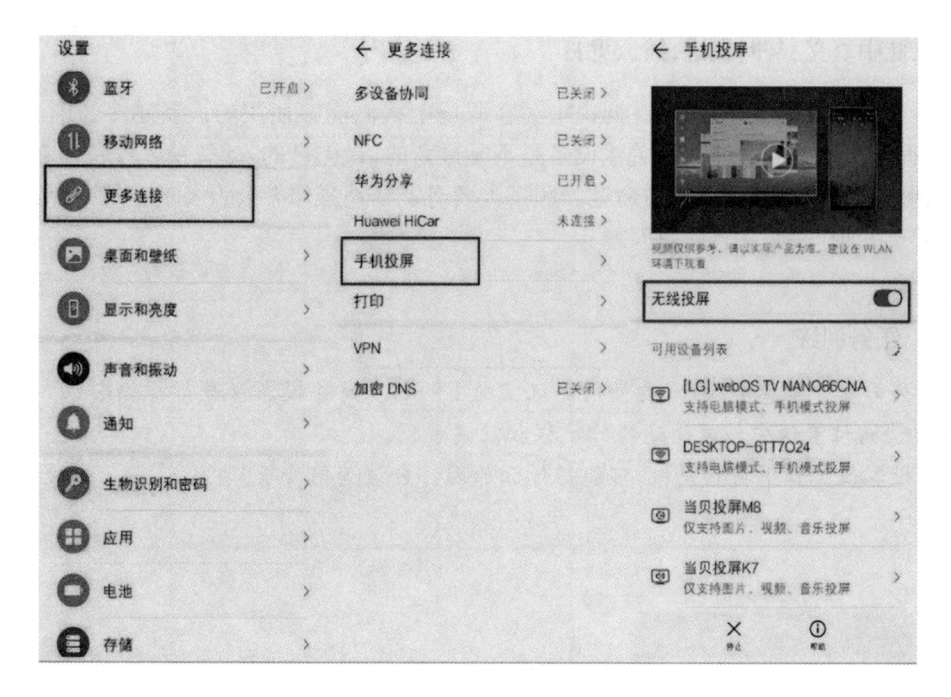

图5-18 安卓手机投屏

苹果手机(如iPhone 12,系统版本为iOS 14.3)可下滑呼出快捷菜单,打开"屏幕镜像"(如图5-19所示)。

图5—19　苹果手机投屏

最后在可用设备列表选择"当贝投屏"即可。

三、此中真义：与时俱进，拨云见日

"不识庐山真面目，只缘身在此山中。"在职场中我们能够使用的设备越多，往往对设备的依赖程度越高。人们往往只关注设备是不是最新的，最先进的，却忽视了设备存在的价值是为人服务、为事服务这一本质命题。职场人要有娴熟地操作办公设备的技能，更要有一双慧眼，善于发现问题，并且解决问题。

任务训练

1. 公司召开紧急会议，需要使用会议室的EPSON商务投影仪进行视频会议，要求：画面清晰流畅，位置适中。请简述操作流程和注意事项。

2. 投影仪工作中突然死机，可能是什么原因？应该如何处理？

项目六
解锁高效办公技能

一、基础任务：维护一台高效运行的电脑

（一）引入案例

小王在宏达公司工作实习 3 个月后转正，担任策划助理一职。公司分配给他一台电脑。电脑是之前员工使用过的，运行速度较慢，严重影响了小王的工作。但如果重装系统，小王担心会丢失某些重要文件。小王想找同事帮忙，恰逢公司有个重要项目刚刚开展，技术部门的同事忙得不可开交，分身乏术。于是小王决定自己动手解决。

问题：小王应该如何解决系统问题并创建高效办公的系统环境？

（二）实现条件

设施类型	内　容
硬　件	计算机、有线网络或无线网络
软　件	Windows10 操作系统、360 安全浏览器

（三）任务步骤

1. 下载并安装 360 安全卫士

（1）在浏览器地址栏输入：360.cn，打开 360 网站，然后点击如图 6-1 所示的"卫士与杀毒"下方的"离线安装包"，此为 360 安全卫士的安装包。

下载安装360安全卫士

图 6-1

(2)在弹出的下载对话框中选择"下载"(如图6-2所示)。

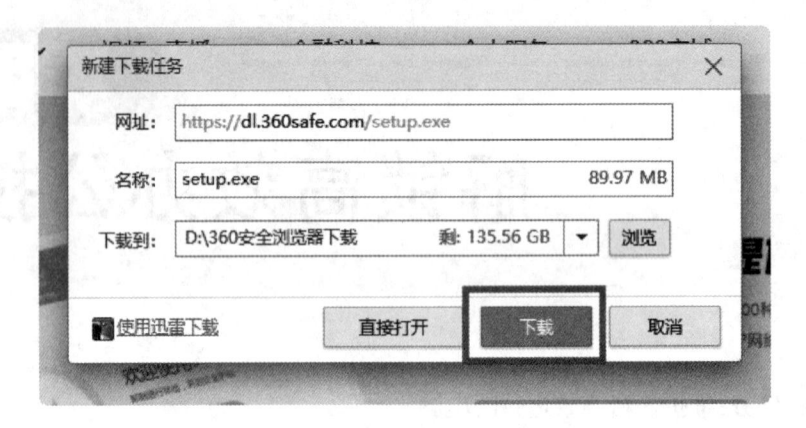

图6-2

(3)双击打开下载的"setup.exe",安装360安全卫士。
(4)安装完成后自动打开360安全卫士程序主界面。
2. 下载并安装"驱动人生8"检测和修复驱动程序

不同的硬件一般都有不同的驱动程序,即使同一品牌的硬件设备,只要型号不同,驱动程序就可能不同,甚至日期不同,驱动程序也不同。如果驱动程序与硬件不匹配、不兼容,硬件就无法正常运行,影响系统性能。而硬件厂商也会定期更新驱动程序,此时就需要借助"驱动人生"软件检测安装的驱动程序,以修复或升级驱动程序。

下载安装驱动人生检测修复驱动

(1)在360安全卫士程序主界面中单击"软件管家"(如图6-3所示)。

图6-3 360安全卫士程序主界面

(2)在软件管家的搜索栏中输入"驱动人生",并选择搜到的"驱动人生8",点击右侧的"一键安装"(如图6-4所示)。

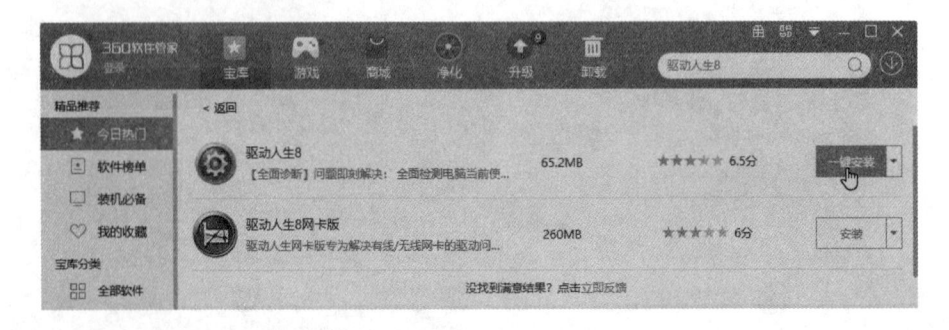

图6-4

(3)"驱动人生 8"完成安装后将自动打开,点击"立即扫描"(如图 6-5 所示)。

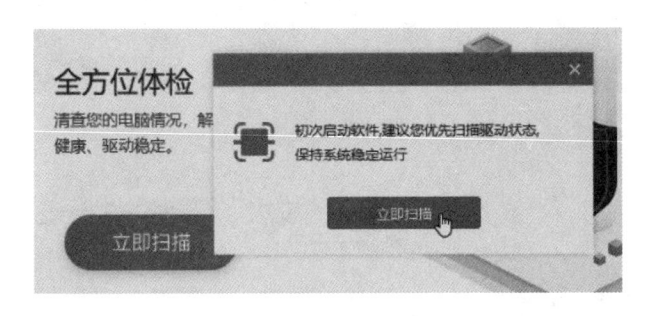

图 6-5

(4)扫描完成给出异常提示,点击"立即修复"(如图 6-6 所示)。

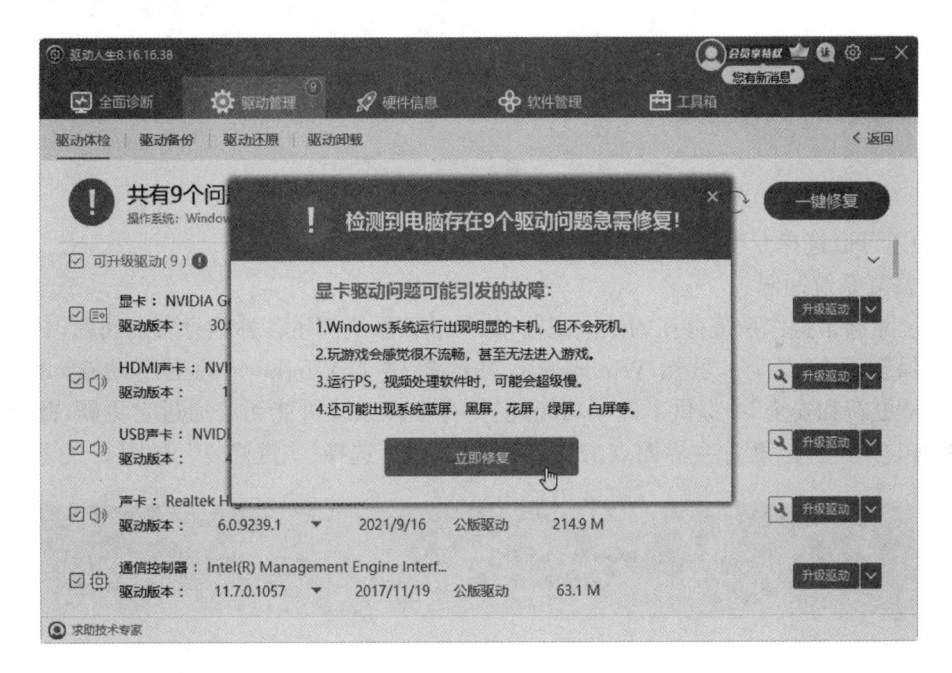

图 6-6

3. 清理系统垃圾文件

在使用计算机的过程中,频繁地进行文件编辑、安装和卸载软件等操作时,会产生一些无用的垃圾文件和临时文件,长期积累下来就会占用磁盘空间,影响系统运行速度,因此需要定期对磁盘进行清理。我们应当掌握清理系统垃圾文件的方法并养成定期清理的习惯,操作如下:

(1)在"360 安全卫士"程序主界面点击"电脑清理",然后选择"一键清理"(如图 6-7 所示)。

图 6—7

(2) 还可以选择专项清理，如"清理垃圾""清理插件"等。

4. 修复系统漏洞

系统漏洞是操作系统存在的缺陷或错误，易导致系统产生各种信息安全问题，必须及时修复以保护系统安全。虽然 Windows10 系统提供了 Windows 的更新功能，即在"设置"——"更新和安全"中提供了此项功能，但仍有很多系统可能无法通过它更新，此时可以通过"360 安全卫士"程序主界面点击"系统修复"，然后选择"一键修复"（如图 6—8 所示）。

图 6—8

项目六　解锁高效办公技能　　63

5. 查杀木马

电脑有时候下载了一些东西,会出现卡顿等不正常的情况,此时就要查一下有没有感染木马,选择360安全卫士主界面的"木马查杀",点击"快速查杀"(如图6－9所示)。

图 6－9

软件就会自动扫描,查杀木马扫描完毕,点击"一键处理"就能完成查杀(如图6－10所示)。

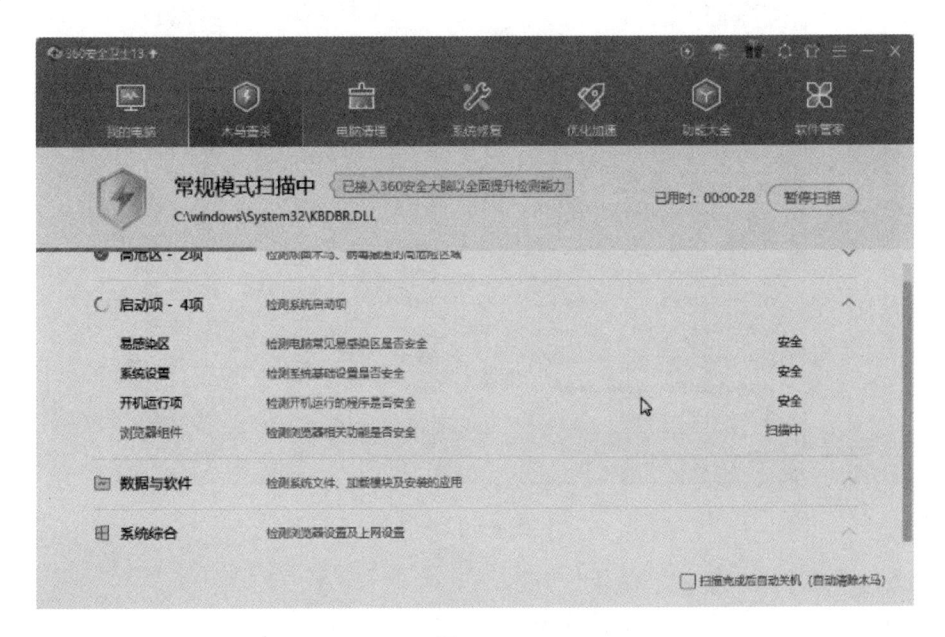

图 6－10

6. 管理自启动程序

在软件安装过程中,有些软件会自动随着开机一起启动,但其中往往有一些软件是不常用也无需自动启动的,它们会影响开机速度,消耗系统内存。为优化系统,可以进行自启动管理:

(1)在任务栏空白处右键单击,在弹出的快捷菜单中选择"任务管理器"(如图 6—11 所示)。或者按下 Ctrl+Alt+Delete,然后选择"任务管理器"。

图 6—11

(2)打开"任务管理器"窗口,单击"启动"选项卡,在列表框中选择需要禁用的软件,单击窗口右下角的"禁用"按钮(如图 6—12 所示)。

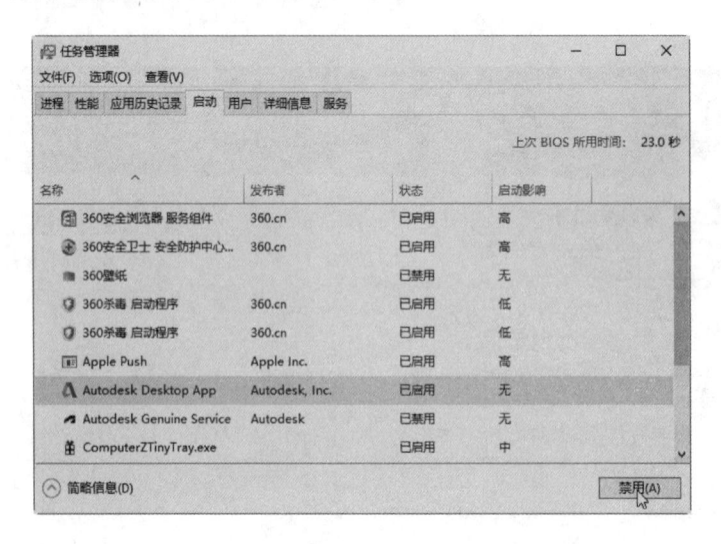

图 6—12

二、进阶任务:多窗口工作,个性化字体

(一)多窗口工作

创建多个桌面可以将烦琐的不同类别的任务分配到不同桌面,进行多项操作而不会互

相干扰,提高工作效率。

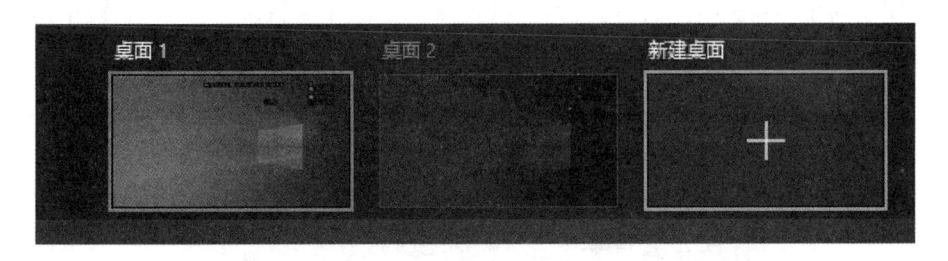

(1)按下 Win 键+Tab 键,或者点击任务栏左侧的"任务视图"按钮,打开多桌面界面(如图 6—13 所示)。

图 6—13

(2)点击"新建桌面"的"+"键,可以得到新的桌面。
(3)按下"Ctrl+Win 键+鼠标左键"或"Ctrl+Win 键+鼠标右键"可以在不同的桌面间切换。
(4)如果想要删除某个桌面,则可以点击桌面名字右边的"×"(如图 6—14 所示)。

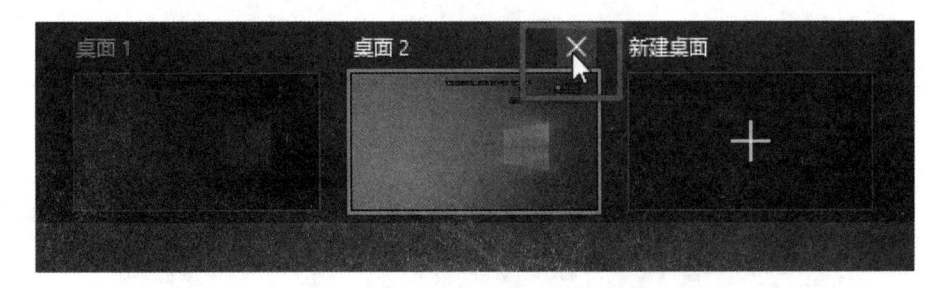

图 6—14

(5)如果想要在一个桌面实现切换其他桌面的窗口,就需要在"设置"——"多任务处理"——"虚拟桌面",将"按 Alt+Tab 组合键显示打开的窗口"调为"所有桌面"(如图 6—15 所示)。

图 6—15

(二)安装常用字体

Office 正常安装后虽有华文系列字体,但缺少方正等其他常用字体,安装新字体后需要将字体集成到文档中,以便此文档在其他不含有该字体的系统中能正常显示排版,因此需要分两步走:

(1)安装新字体:将字体文件拷贝到 C:\Windows\Fonts 目录下,或者右键单击字体文件,在弹出的快捷菜单中单击"安装"(如图 6—16 所示)。

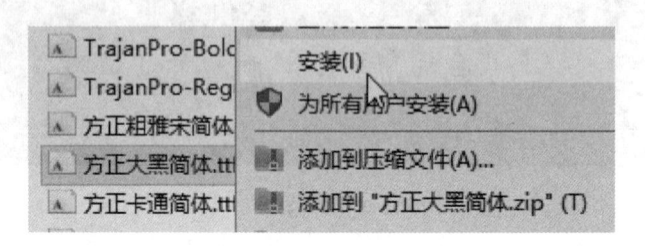

图 6—16

(2)点击"文件"——"选项",在弹出的对话框左侧选"保存",然后点选"将字体嵌入文件"(如图 6—17 所示)。

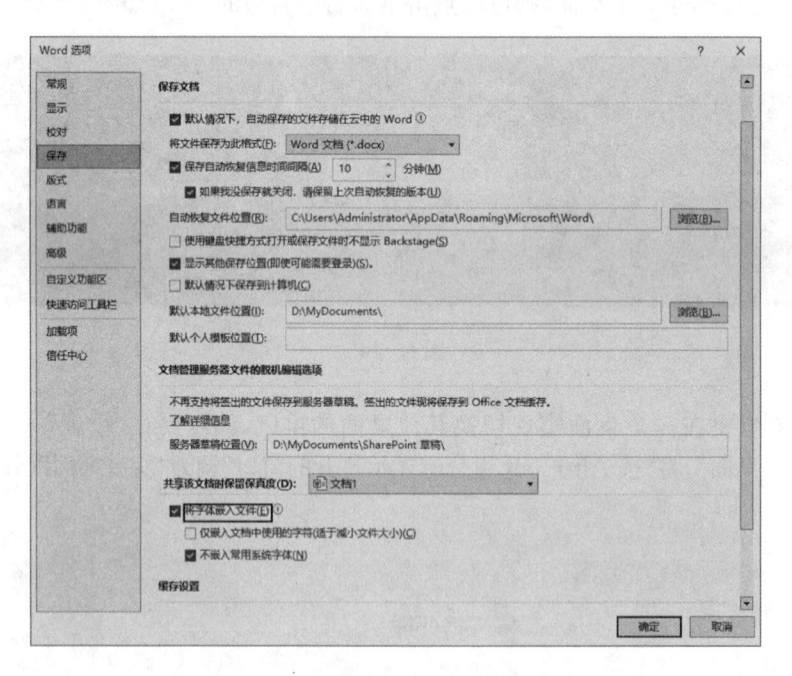

图 6—17

三、此中真义:爱护工具,人人有责

中国古人有敬惜纸张的传统,一张纸,一支笔,都要恭敬以待,不随意丢弃。这是对劳动生产的产品的尊重,更是对劳动者本身的尊重。时代发展到信息社会的阶段,很多人的文字处理工作高度依赖计算机系统,计算机的键盘如同我们写字的笔,计算机的屏幕如同纸张。在遵循设备固有的损耗规律前提下,及时维护、清理、保养计算机及其系统,是一种美好的品质。

任务训练

1. 为系统做一次全面的系统维护，包括修复驱动程序、修复系统漏洞、清理垃圾文件、查杀木马，关闭所有非必要的自启动程序提高开机速度和系统运行效率。

2. 设置三个桌面并可快速切换，一个用来处理办公文档，一个用来处理网络视频会议，一个用来处理互联网信息检索查询。

项目七
根据需求制作主题材料

一、基础任务：完成年会文档制作

（一）引入案例

小王转正为策划助理后接手的第一个工作任务就是筹备公司的年会。当天下午部门刘经理就跟小王开会拟定获奖名单并讨论如何执行。刘经理交代小王务必在会后第一时间完成此次的公司工作简报，并设计、打印好奖状证书，制作并打印年会的活动方案。

（二）实现条件

设施类型	内　　容
硬　件	计算机、打印机
软　件	Windows10 系统，Microsoft Office 2016

（三）任务步骤

提示：Word 具有自动编号的功能，如在空行中输入"一、会议安排"后，按[Enter]键会自动生成编号"二、"，省去了手动输入编号的麻烦，对包含编号的段落来说非常实用。

多级编号则是指文档中包含不同级别的段落编号，如一级编号为"一、二、三……"二级编号为"1.2.3……"三级编号为"(1),(2),(3),……"等。这种情况就需要建立并应用多级列表，来实现自动输入各级编号的目的。

建立多级列表的方法为：在"开始"→"段落"组中单击"多级列表"按钮，在弹出的下拉列表中选择"定义新的多级列表"选项，在打开的对话框中设置各级别编号的样式。当需要为段落应用多级列表时，则可选择这些段落，单击"多级列表"按钮，在弹出的下拉列表中选择建立的多级列表选项，然后通过"更改列表级别"选项实现对不同段落应用不同级别编号的目的。

1. 创建年会活动方案，并校对文稿

年会活动方案是用于公司增强团队凝聚力，举行年会活动的筹备文档。这类文档内容较为细致，一般会涉及多级列表（如图 7-1 所示）。使用多级列表不仅可以使文档的段落层次结构更加清晰，而且避免了手动输入编号的烦琐和错误问题。因此在录入文字过程中可以暂时忽略段落编号，而在录入完成后使用"多级列表"功能快速编号。录入后的文本先做一个基本格式设置，并检查有无输入错误。

创建活动方案
设置基本格式
并校对

（1）打开 Word，创建并保存文档，录入文本内容（为便于理清文档结构，输

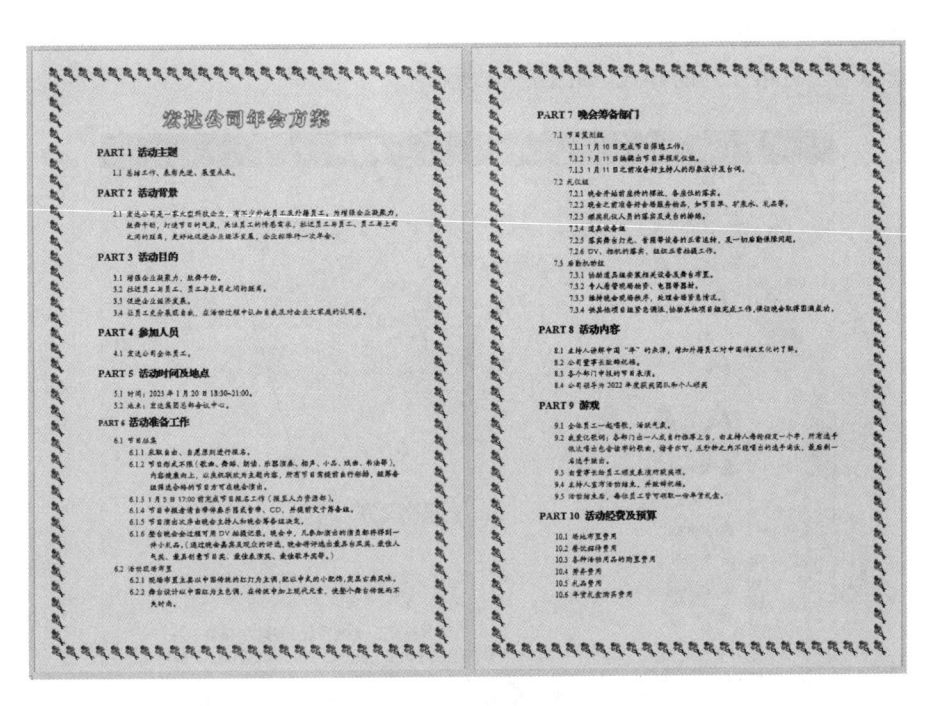

图 7—1

入时已将其中的小标题加粗)后,设置基本文档格式:选择第一行标题,将字符格式设置为"方正粗雅宋简体、一号、加粗、居中"(如图7—2所示)。

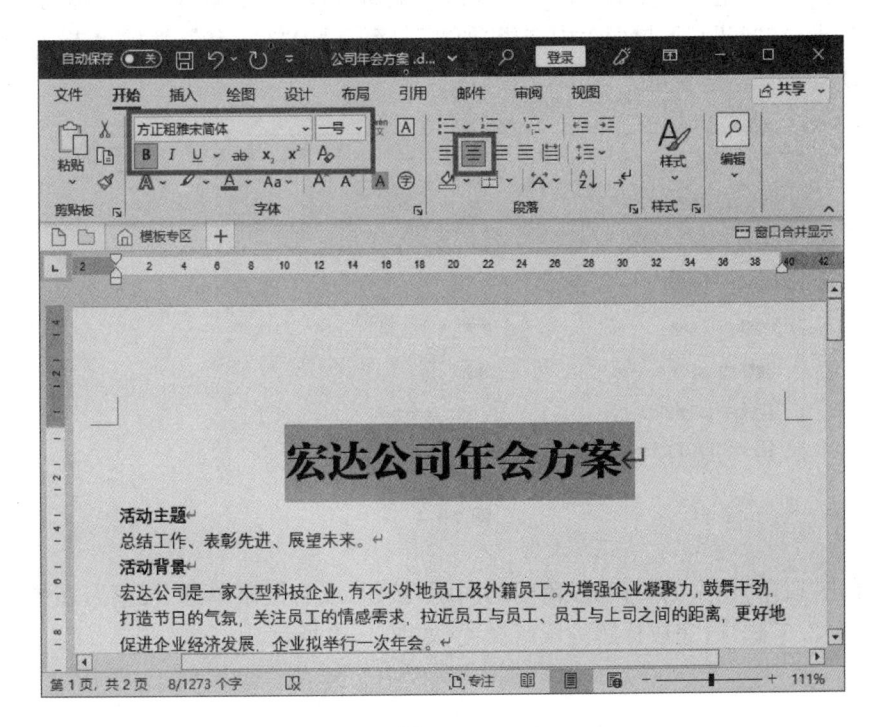

图 7—2

(2)保持段落的选择状态,继续单击"字体"组中的"文本效果和版式"按钮,弹出的下拉列表中选择第2行第4列的样式(如图7—3所示)。

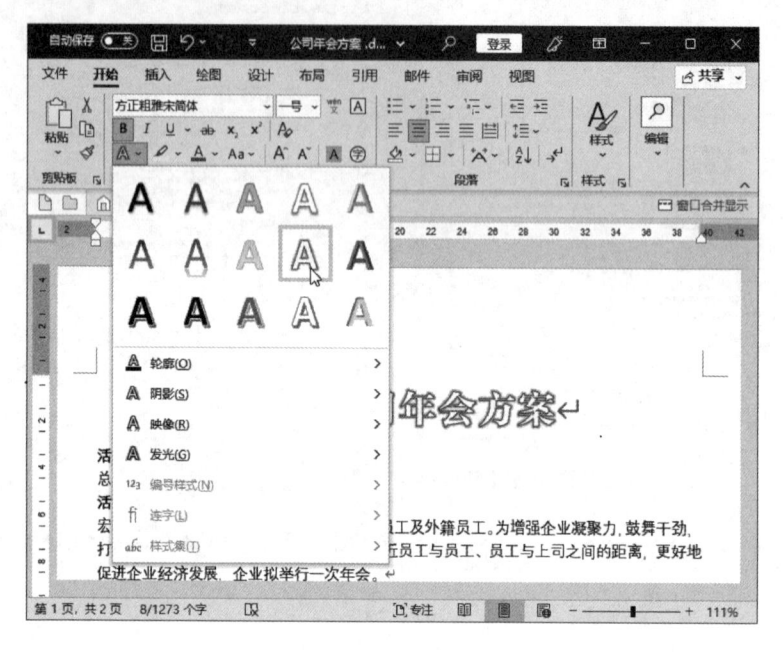

图 7—3

(3)单击"字体"组右下角的"展开"按钮或者右键菜单选"字体",打开字体对话框,单击"高级"选项卡,在"间距"下拉列表中选择"加宽",磅值设置"1.5磅",然后单击"确定"(如图7—4所示)。

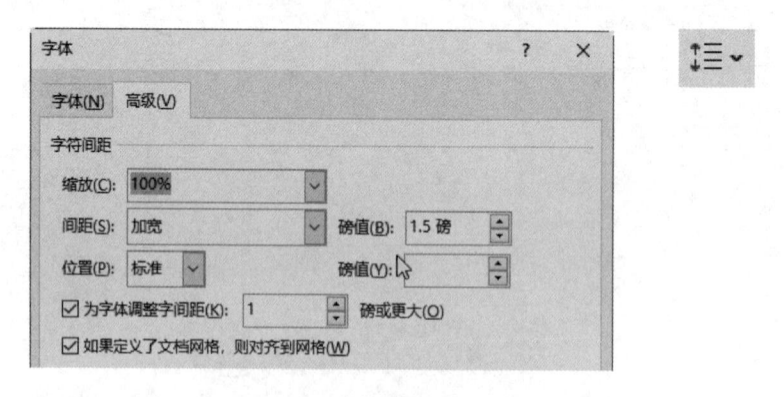

图 7—4

(4)单击"段落"组中的"行和段落间的间距"按钮,或右键菜单选"段落",在弹出的下拉列表中选择"2.5"选项,完成标题的段落设置(如图7—5所示)。

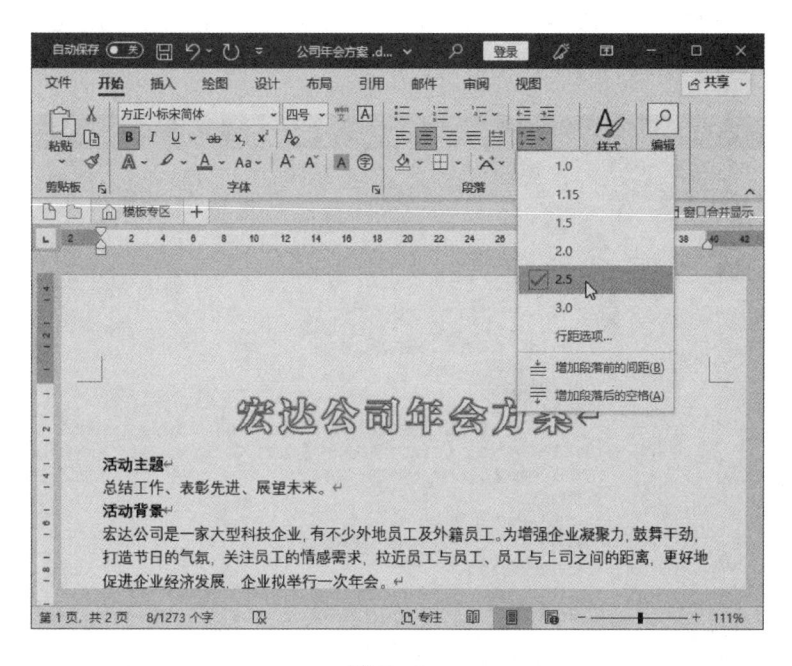

图 7—5

(5)选择"活动主题"段落,将其字符格式设置为"方正小标宋简体、四号、加粗",段落格式设置为"居中、2.5"(如图 7—6 所示)。

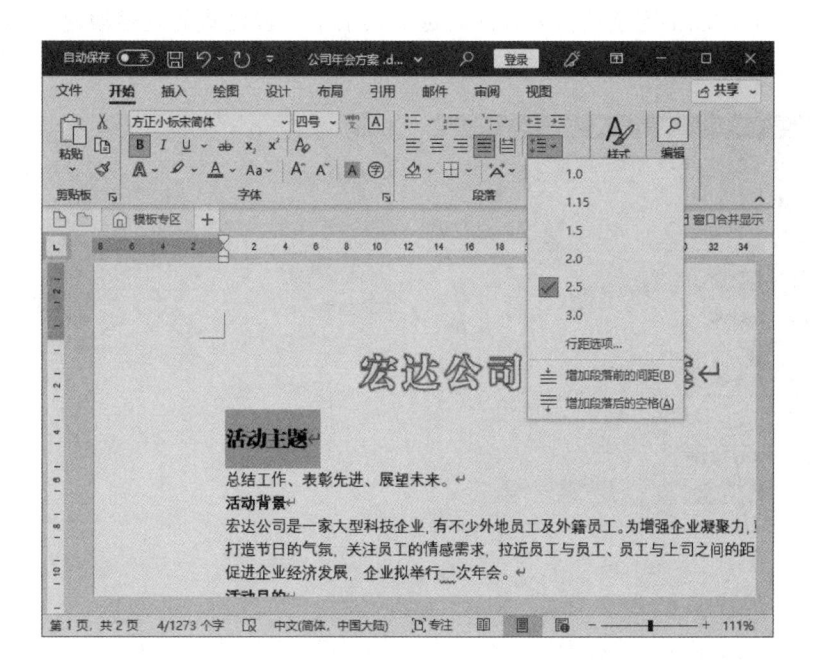

图 7—6

(6)保持"活动主题"段落的被选状态,双击"剪贴板"组中的"格式刷"按钮,选择"活动背景"段落,快速为其应用相同的格式。继续用"格式刷"为"活动目的"段落、"参加人员"段落、"活动时间及地点"段落、"活动准备工作"段落、"晚会筹备部门"段落、"活动内容"段落、"游戏"段落、"活动经费及预算"段落、"应急预案及注意事项"段落快速应用此格式,完成后按"ESC"取消格式刷(如图7－7所示)。

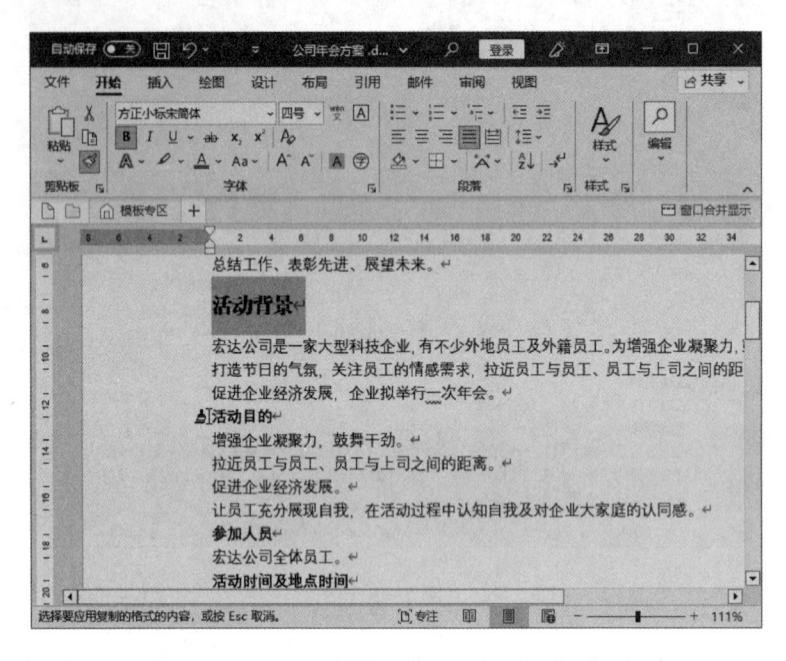

图 7－7

(7)按"Ctrl"键以不连续选择方式同时选取其余未设置格式的内容段落,将其字符格式设置为"中文字体—方正楷体简体、西文字体—Times New Roman"(如图7－8所示)。

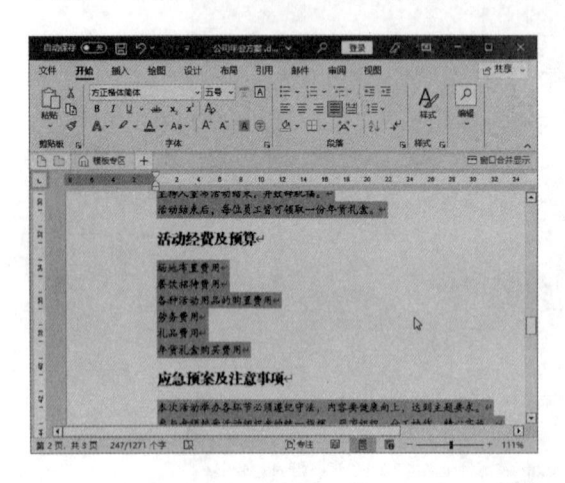

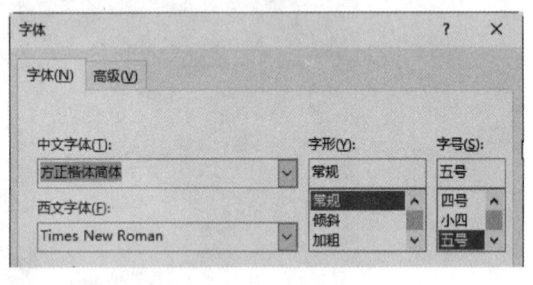

图 7－8

(8)校对文稿,检查文档有无输入性错误,点击"审阅"选项卡,选择"拼写和语法"。如有发现错误,直接修改,如确认没有错误,选择"忽略",完成对全文的检查(如图7－9所示)。

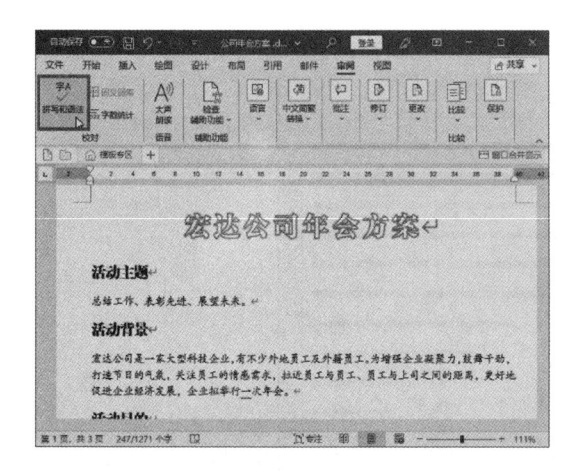

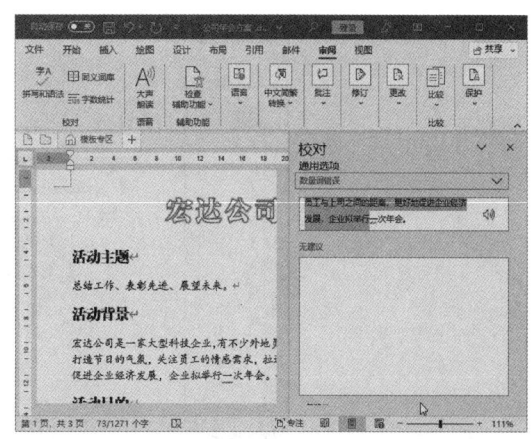

图 7—9

2. 创建多级列表，为文档段落编号

(1)选择"活动主题"段落，在"段落"组中单击"多级列表"按钮，在弹出的下拉菜单中选择"定义新的多级列表"选项(如图 7—10 所示)。

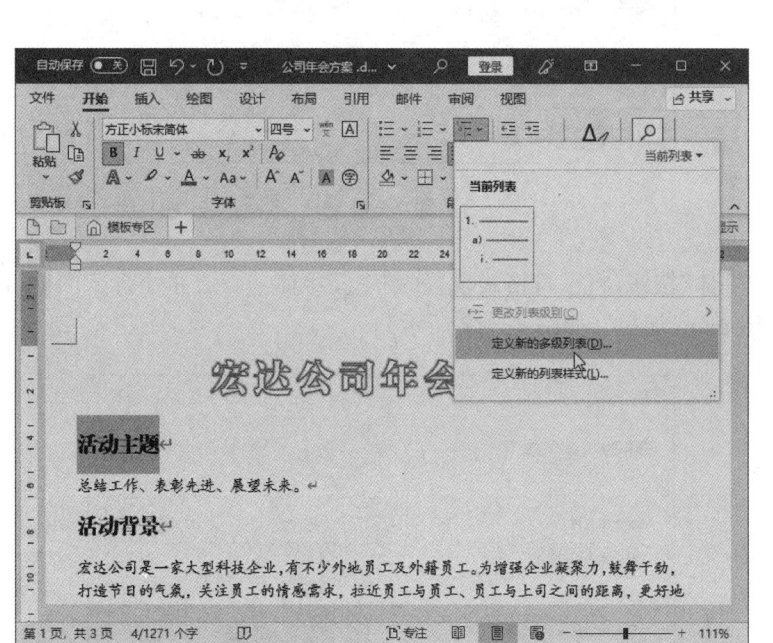

创建多级列表为段落编号

图 7—10

(2)打开"定义新的多级列表"对话框，默认选择 1 级列表，在"输入编号的格式"文本框中的"1"之前输入"Part"，此时"1"的左侧输入一个空格，右侧输入 2 个空格(如图 7—11 所示)。

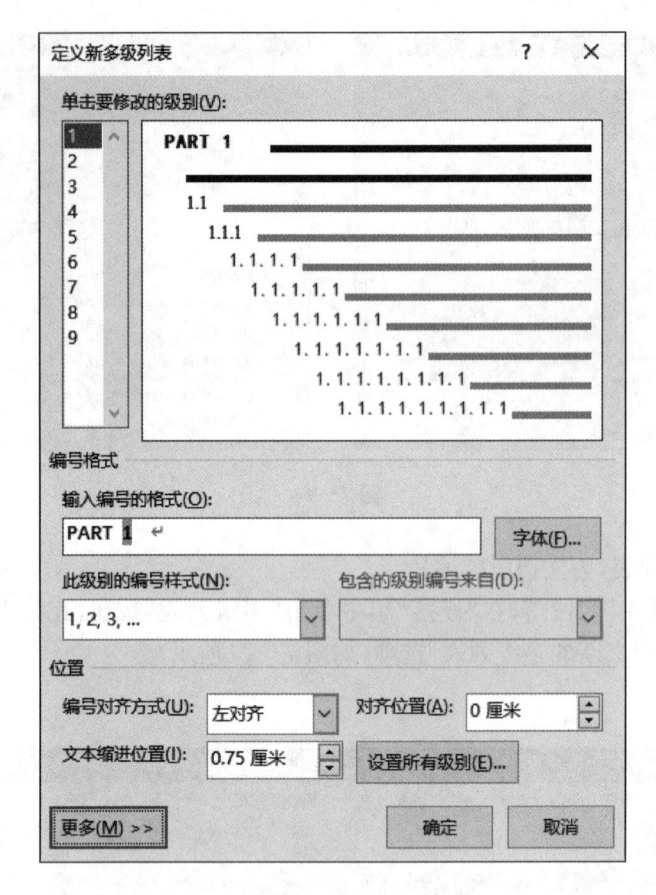

图 7—11

(3)点击"字体"按钮,将字符格式设置为"中文字体——方正小标宋简体、西文字体——Times New Roman,加粗"(如图 7—12 所示)。

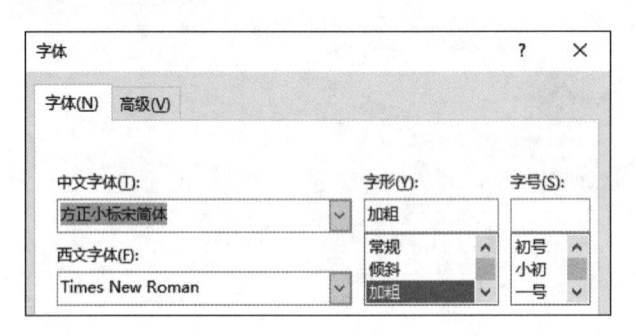

图 7—12

(4)点击"更多按钮",在"编号之后"下拉列表框中选择"不特别标注"选项(如图 7—13 所示)。

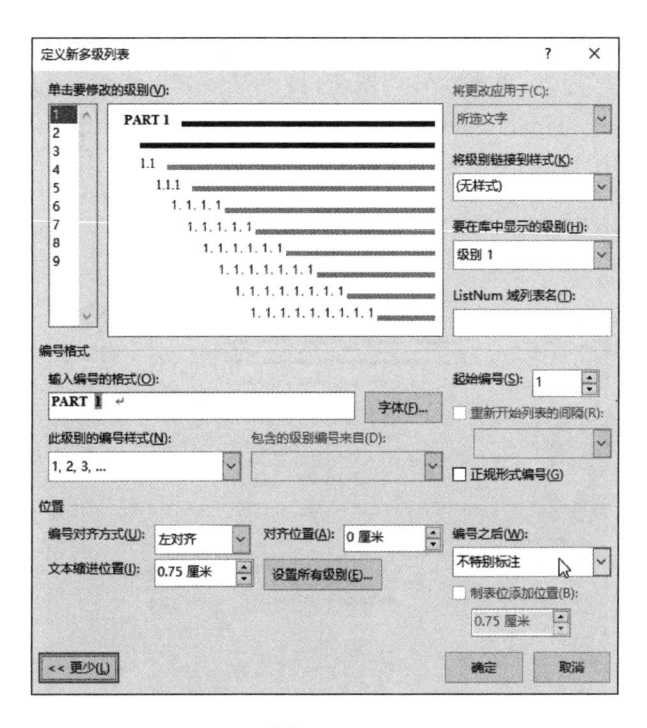

图 7—13

（5）在"单击要修改的级别"的列表中选择"2"，将"对齐位置"和"文本缩进位置"分别设置为"0.75"厘米和"1.4"厘米，点击"字体"按钮，将字符格式设置为"中文字体——方正楷体简体、西文字体——Times New Roman"，在"编号之后"下拉列表框中选择"不特别标注"（如图 7—14 所示）。

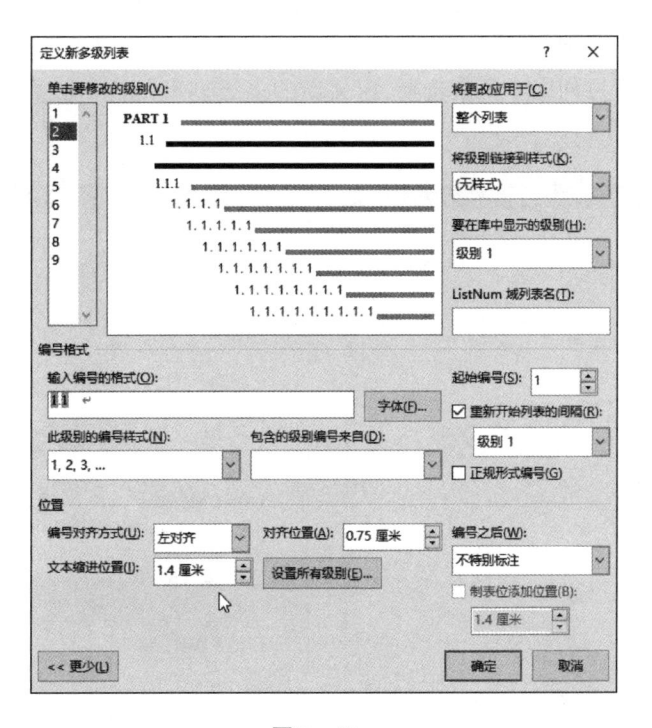

图 7—14

（6）在"单击要修改的级别"的列表中选择"3"，将"对齐位置"和"文本缩进位置"分别设置为"1.5"厘米和"2.5"厘米，点击"字体"按钮，将字符格式设置为"中文字体——方正北魏楷书简体、西文字体——Times New Roman"，在"编号之后"下拉列表框中选择"不特别标注"，然后点击"确定"按钮（如图7—15所示）。

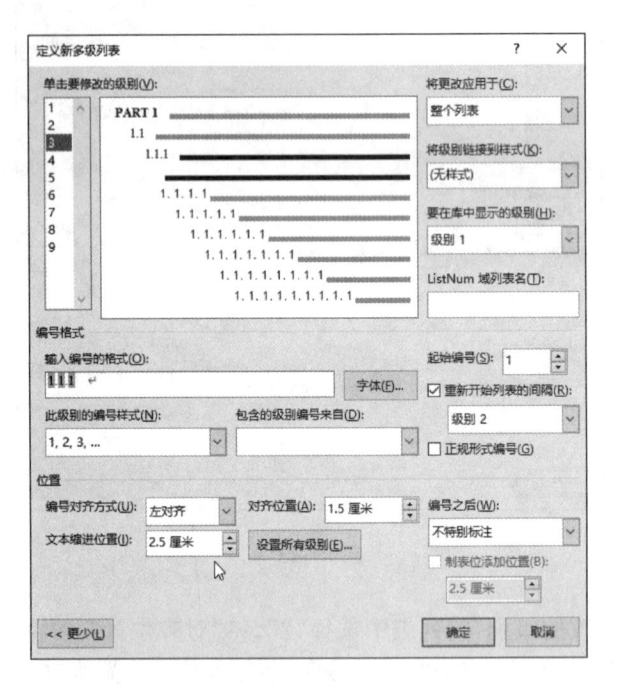

图 7—15

（7）此时所选的"活动主题"段落将自动添加设置的编号，为了保证编号的连续性，先按"Ctrl+Z"取消，选择从"活动主题"段落至文档末尾的所有段落，在"段落"组中单击"多级列表"按钮，在弹出的下拉列表中再次选择"定义新的多级列表"选项，然后直接点"确定"按钮（如图7—16所示）。

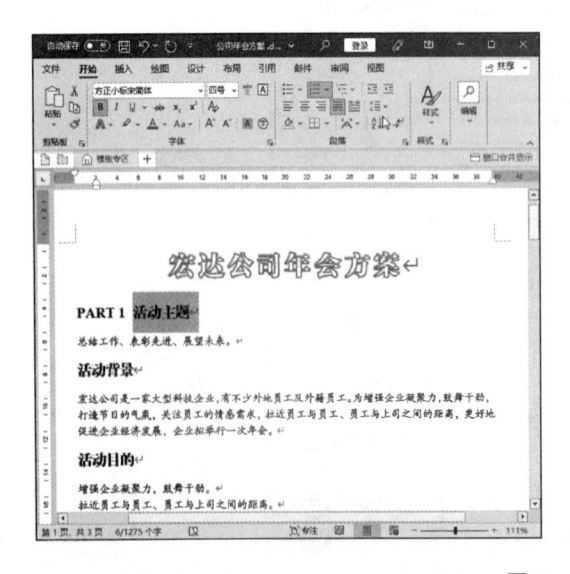

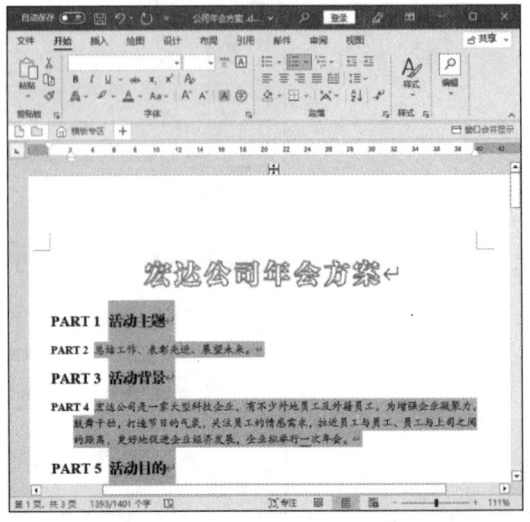

图 7—16

(8)选择"PART 1 活动主题"段落下的内容为现在的"PART 2"所属段落,再次单击"多级列表"按钮,在弹出的下拉列表中选择"更改列表级别"选项,在弹出的子列表中选择 2 级列表对应的选项(如图 7-17 所示)。

图 7-17

(9)按相同的方法依次更改其他规定段落的列表级别,或利用"格式刷"工具修改这些段落应用格式(如图 7-18 所示)。

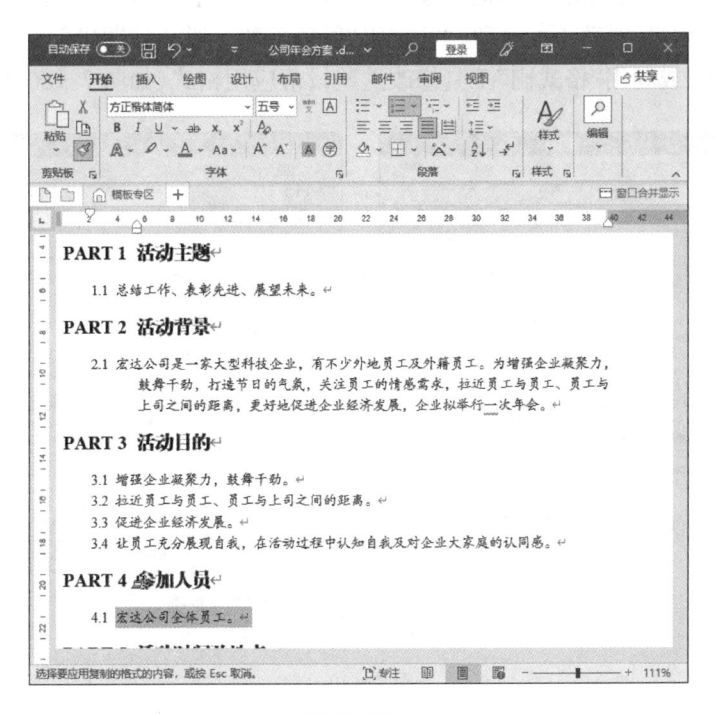

图 7-18

（10）选择"6.1 节目征集"段落下的内容（即"采取自由……最佳歌手奖项"所属段落），再次单击"多级列表"按钮，在弹出的下拉列表中选择"更改列表级别"选项，在弹出的子列表中选择 3 级列表对应的选项（如图 7—19 所示）。

图 7—19

（11）按相同的方法依次为"活动现场布置"段落下的"现场布置主要以……不失时尚"所属段落、"节目策划组"段落下的 3 段、"礼仪组"段落下的 6 段、"后期机动组"下的 4 段，更改列表级别为 3 级，或利用"格式刷"工具修改这些段落应用格式（如图 7—20 所示）。

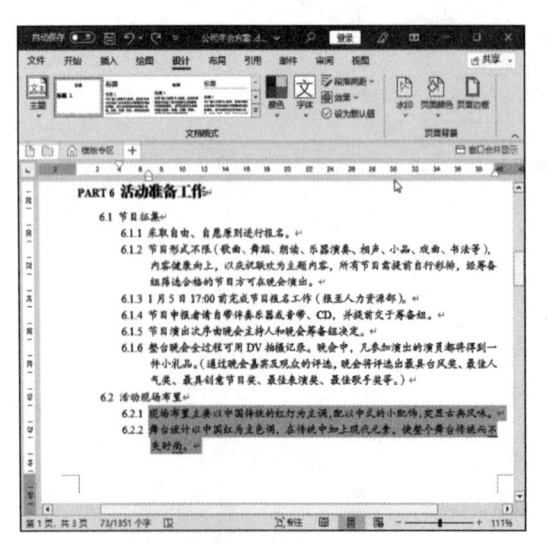

图 7—20

3. 美化文档、设置页面边框

选择"设计"选项卡,在"页面背景"组中选择"页面边框",打开"边框和底纹"对话框,在"页面边框"标签卡,单击"艺术型"下拉列表,选择一种合适的边框样式,单击"确定"按钮(如图7—21所示)。

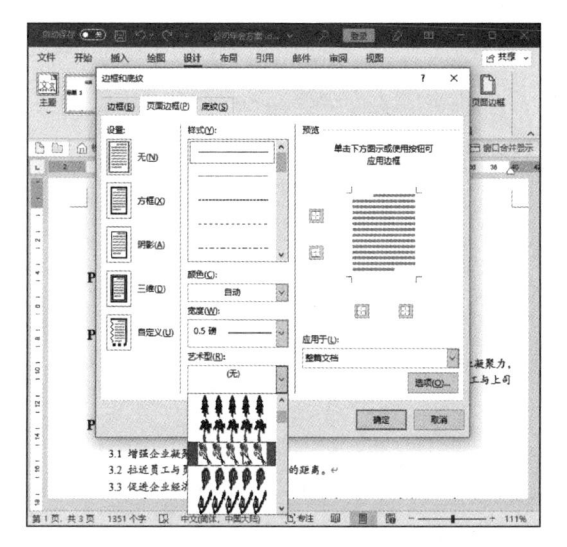

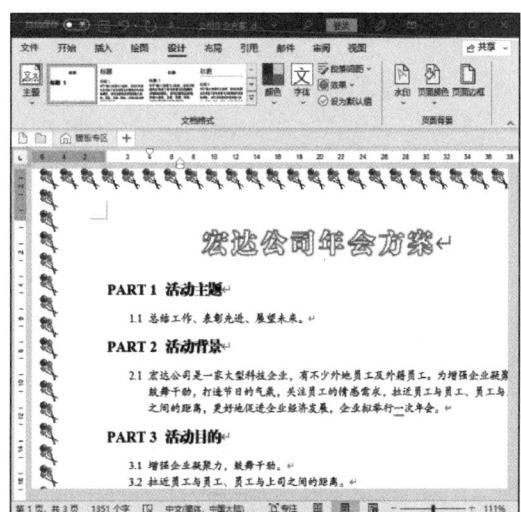

图 7—21

二、进阶任务:制作并打印荣誉证书

邮件合并功能是 Word 非常实用的自动化功能之一,广泛应用于批量的打印信封、信件、请柬、工资条、个人简历、成绩单、邀请函、获奖证书、准考证、明信片等对象。通常需要分3步走:

(1)建立数据源,创建 Excel 工作簿,输入表单内容,通常包含人名、奖项名称、等级名称、地名、时间、日期等数据。

(2)在 Word 中输入要实现批量打印的文本内容并美化。

(3)利用邮件合并向导批量生成所需文档并打印。

(一)在 Excel 中创建荣誉证书表单

为了实现批量制作荣誉证书的目的,需要先利用 Excel 创建表单,以 10 条获奖数据为例,具体操作如下:

(1)创建 Excel 工作簿,并以"证书数据"为名保存,在"Sheet1"表中 A1:F1 单元格区域依次输入序号、姓名、获奖事由、奖项、发证年份、发证月份(如图7—22所示)。

Excel中创建
荣誉证书表单

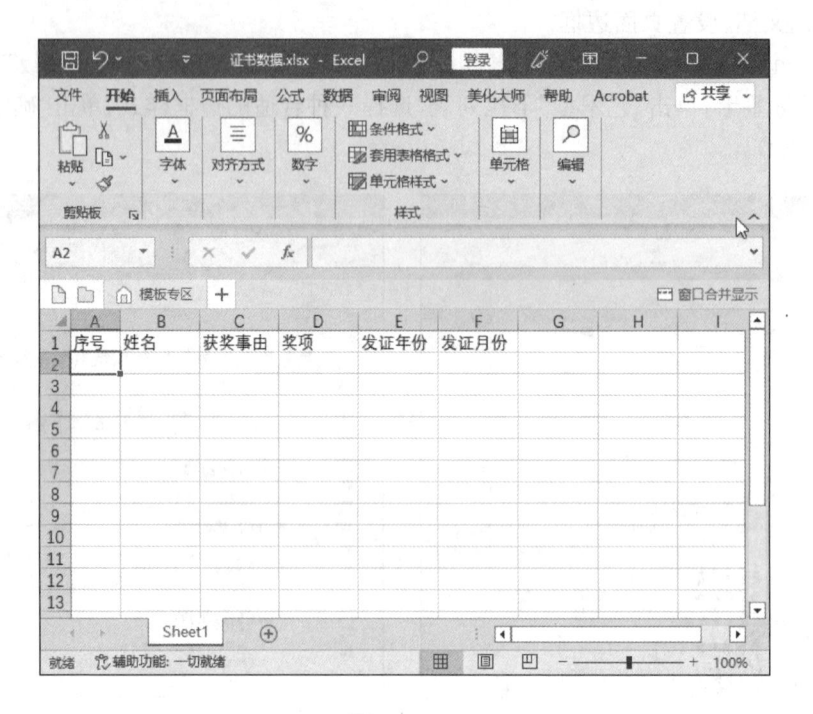

图 7－22

（2）在 A2 单元格中输入数字"1"，鼠标放在 A2 单元格的右下角小方块上，同时按下 Ctrl，向下拖拽到 A11 单元格，为 A1:A11 单元格区域自动填充数字 1～10，在 B2:B11 单元格区域依次输入获奖者姓名（如图 7－23 所示）。

图 7－23

（3）设置数据验证，通过选择输入来减少错误：选择 C2:C11 单元格区域，点击"数据"选项卡，选择"数据工具"组中的"数据验证"按钮（如图 7－24 所示）。

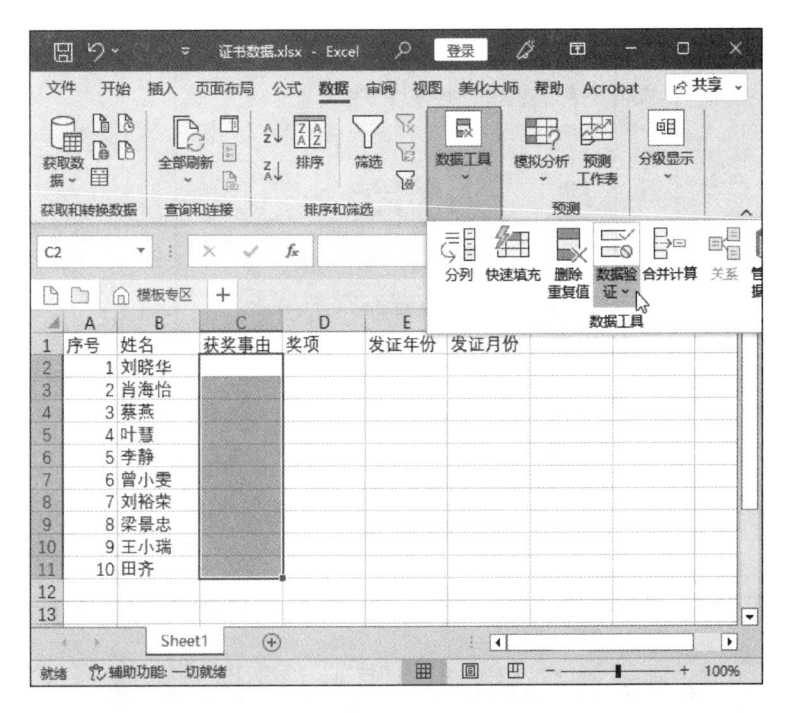

图 7-24

(4)打开"数据验证"对话框,在"设置"标签卡中,"验证条件"的"允许"下拉列表中选择"序列"选项,在"来源"文本框中输入:"考核,销售竞赛,金融安全竞赛,创优争先评比,文艺会演"文本内容,其中的逗号为英文状态下输入的逗号,单击"确定"按钮(如图 7-25 所示)。

图 7-25

(5)选择:D2:D11 单元格区域,按相同方法设置数据验证条件,其中"来源"文本框中输入:"优秀,一等奖,二等奖,三等奖,优秀员工,先进个人"(如图 7-26 所示)。

图 7-26

(6)通过选择输入的方式继续输入该员工的获奖事由、奖项数据(如图 7-27 所示)。

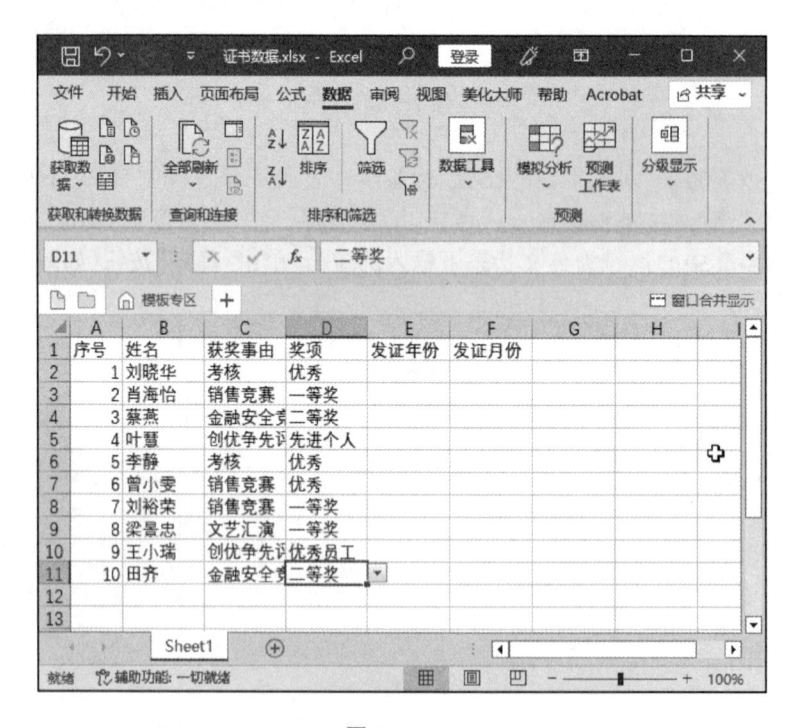

图 7-27

(7)用 IF 函数自动生成发证年份和发证月份,根据公司规定,2022—2023 年度考核奖和文艺汇演的发证日期为 2023 年 1 月,其余的获奖证书发证日期均为 2022 年 12 月,选择 E2:E11 单元格区域,点击"公式"选项卡,选择"插入函数"按钮,在弹出的"插入函数"对话框中的"选择函数"列表中选择"IF",点击"确定"按钮(如图 7-28 所示)。

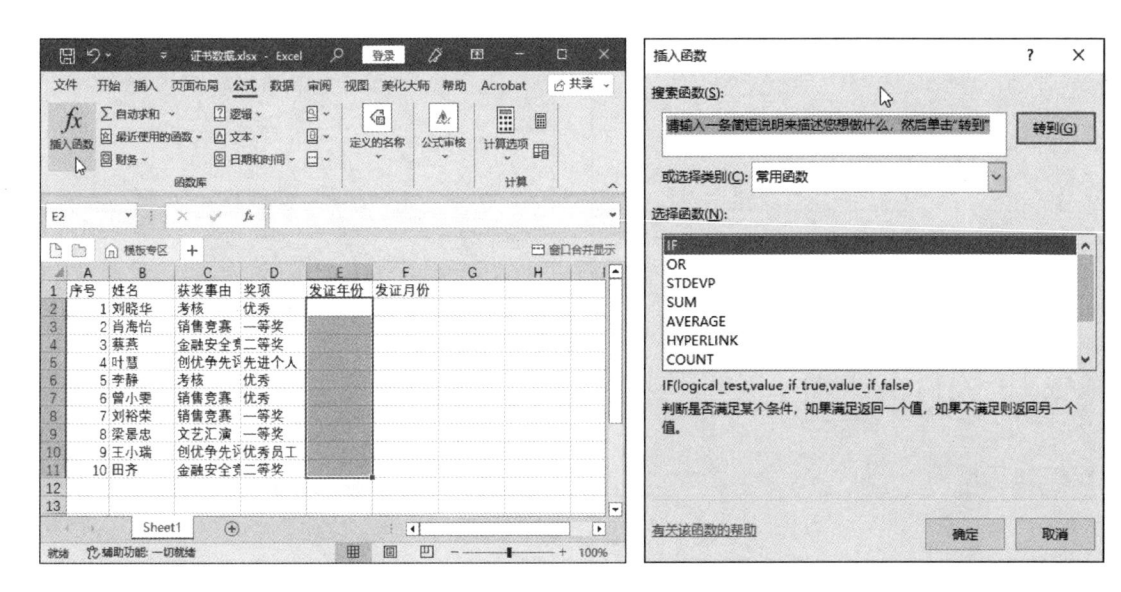

项目七　根据需求制作主题材料　83

图 7—28

(8)打开函数参数对话框,本例中需要用 OR()来连接两个条件,因此在 Logical_test 文本框中输入条件"OR(c2="考核",c2="文艺汇演")",在 Value_if_true 文本框中输入条件成立的结果"2023",Value_if_false 文本框中输入条件不成立的结果是"2022",然后点击"确定"按钮(如图 7—29 所示)。

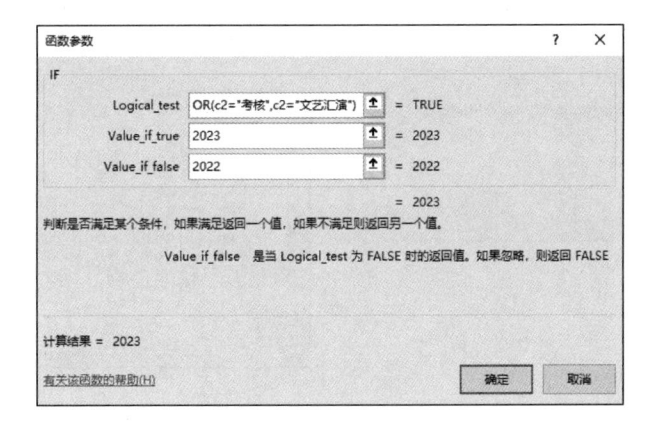

图 7—29

(9)保持 E2:E11 单元格区域处于选择状态,点击编辑栏,然后按 Ctrl+回车键,将条件格式应用于此区域,得到年份数据(如图 7—30 所示)。

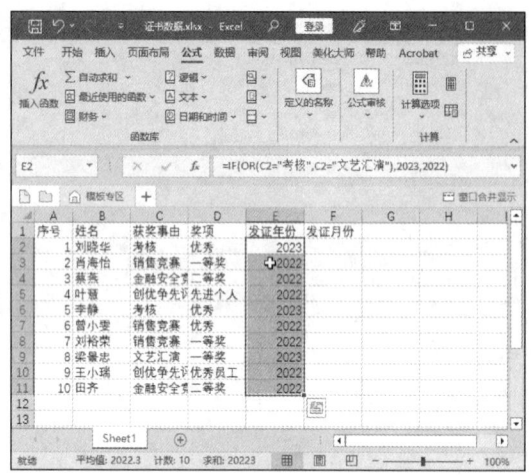

图 7-30

　　(10) 用同样的方法,为发证月份 F3:F11 添加月份数据。IF 函数:=IF(OR(C2="考核",C2="文艺会演"),1,12)(如图 7-31 所示)。

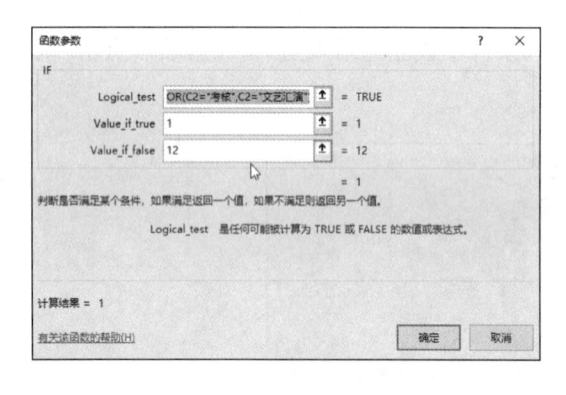

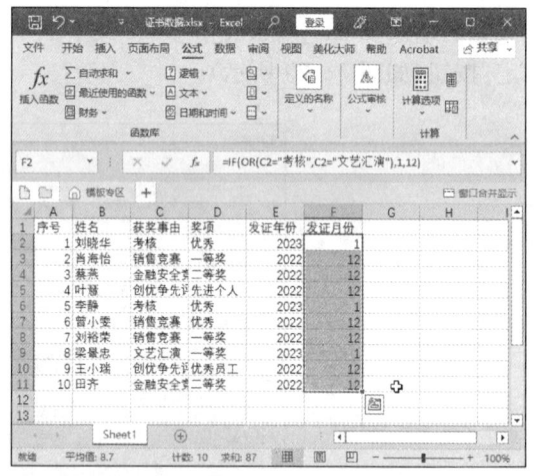

图 7-31

　　(11) 选中表格数据 A1:F11,在"开始""样式"组中单击"套用表格格式"按钮,在弹出的下拉列表中选择"中等色"栏第 1 行第 4 列对应的选项。在弹出的对话框中选择"表包含标题"复选框,单击"确定"按钮(如图 7-32 所示)。

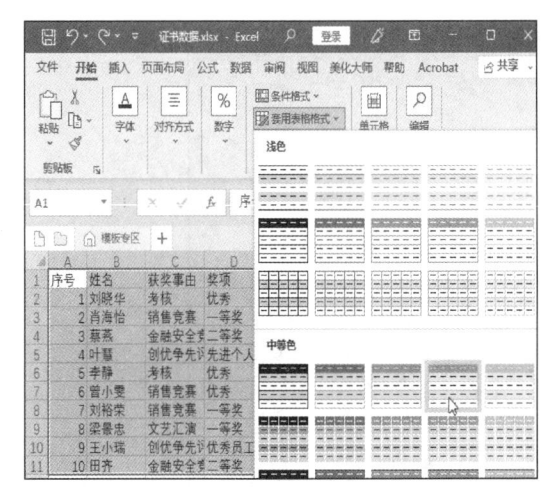

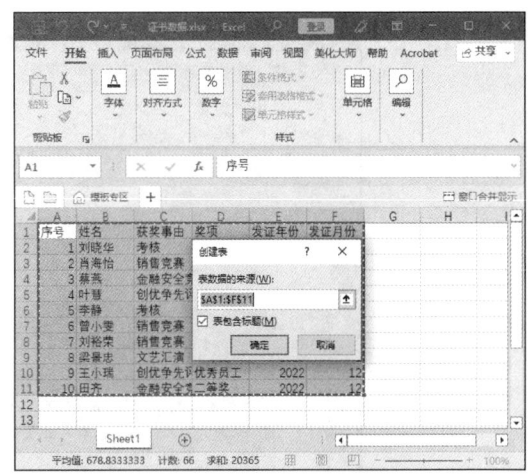

项目七 根据需求制作主题材料　85

图 7－32

（12）保持单元格区域的选择状态，在"开始""对齐方式"组中依次单击"垂直居中""居中"按钮（如图 7－33 所示）。

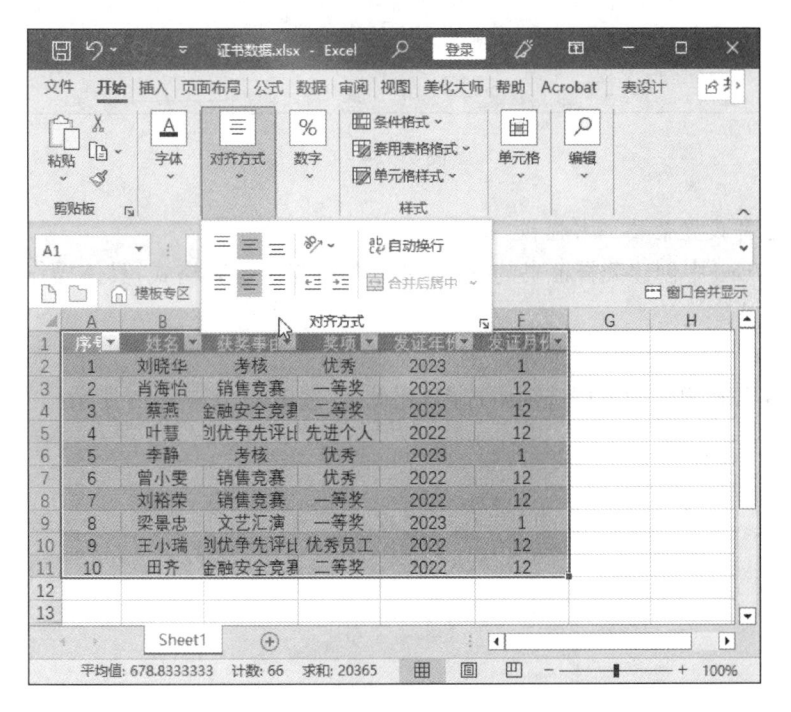

图 7－33

（13）适当调整行高与列宽，拖拽第 1 行行号下的分隔线，增加第 1 行行高为 30，然后选择第 2 行至第 11 行，拖拽行号 2 与行号 3 之前的分隔线，增加所在行行高为 22.5。选择 B 列至 F 列，拖拽列号分隔线，增加列宽为 13（如图 7－34 所示）。

图 7—34

(二)创建并设置荣誉证书模板

下面在 Word 中创建荣誉证书的基本内容,并适当设置其格式,具体操作如下:

(1)创建 Word 文档并以"荣誉证书"为名保存,点击"插入"——"插入图片"——"图片",在弹出的下拉选项中选择"此设备"选项(如图 7—35 所示)。

创建并设置
荣誉证书模板

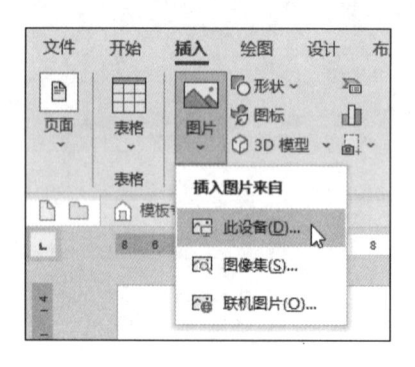

图 7—35

(2)在打开的"插入图片"对话框中选择素材中的"荣誉证书底纹.jpg",选中插入的图片,在"图片格式"——"排列"组中单击"环绕文字",在弹出的下拉选项中选择"衬于文字下方"(如图 7—36 所示)。

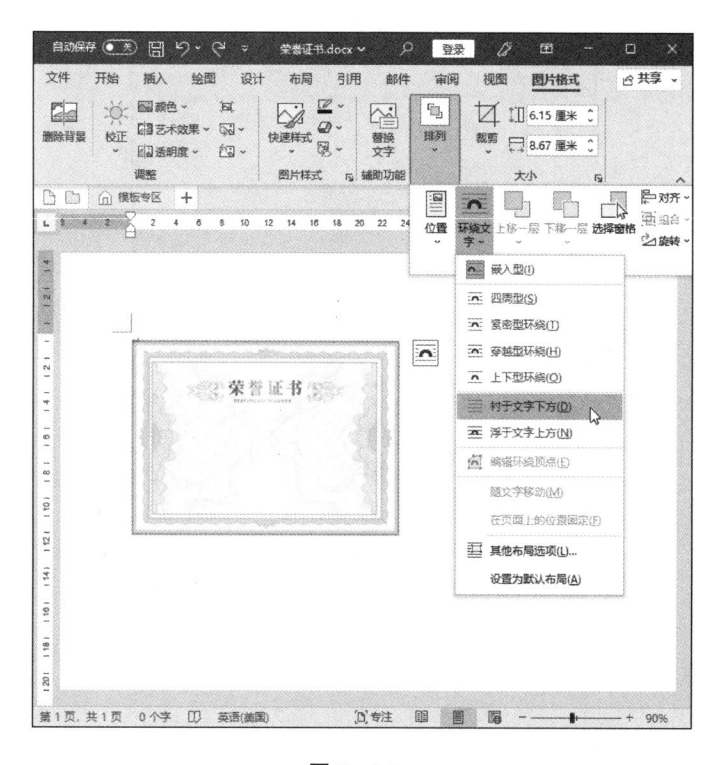

图 7—36

(3)选中图片,拖拽图片右下角的白色小圆,将图片放大到与文档左右边界一样宽(如图7—37所示)。

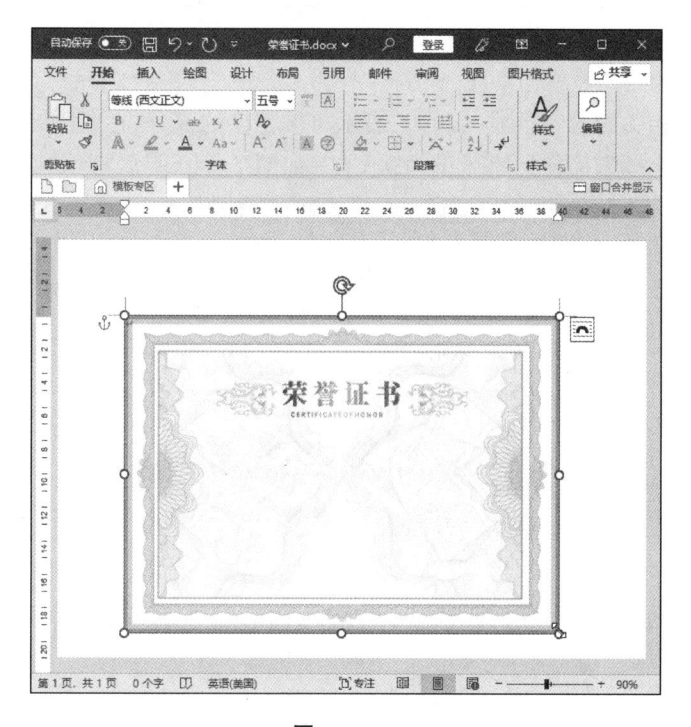

图 7—37

(4)拖动左侧标尺下方的边界线,使下边界与图片底部平齐(如图7-38所示)。

图7-38

(5)"布局"——"页面设置",打开"页面设置"对话框,单击"纸张"标签卡,将"纸张大小"的高度值设为"15.1厘米",页边距设置为"窄页边距",使图片刚好占据一页大小(如图7-39所示)。

图7-39

(6)输入证书相关内容,其中"×××"表示将被替换的部分,在"开始"——"字体"组中,将字体设为"方正小标宋简体",字号设为"一号"(如图7-40所示)。

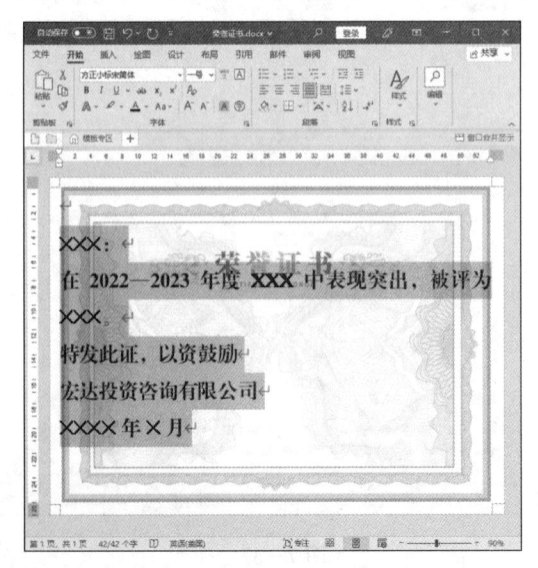

图7-40

（7）保持文字的选中状态，点右键，在弹出的快捷菜单中选择"段落"选项，打开"段落"对话框。设"缩进"左侧为6字符，右侧为6字符，行距：固定值35磅，点"确定"按钮。然后将第2、3段的段落设为"首行缩进2个字符"，最后两段"右对齐"。再选择第一段，将第一段的"间距"段前设为4.5行（如图7－41所示）。

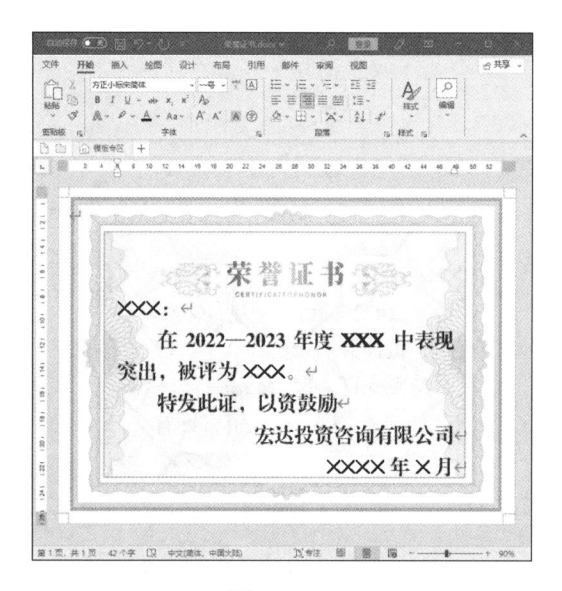

图 7－41

（三）使用邮件合并批量制作荣誉证书

完成数据源表单和荣誉证书模板的制作后，就可以使用邮件合并功能批量制作荣誉证书了。

（1）在"邮件"——"开始邮件合并"组中单击"开始邮件合并"按钮，在弹出的下拉列表中选择"邮件合并分步向导"选项，随即在界面右侧出现"邮件合并"窗格。选中"信函"单选项，点击"下一步：开始文档"（如图7－42所示）。

使用邮件合并批量制作荣誉证书

图 7－42

(2)在"选择开始文档"中,保持默认的"使用当前文档"单选项,单击"下一步:选择收件人"(如图7—43所示)。

图7—43

(3)在显示的"选择收件人"中保持默认的"使用现有列表",然后单击下方的"浏览",打开"选取数据源"对话框,选择创建的"证书数据.xlsx"文件,点击"打开"按钮(如图7—44所示)。

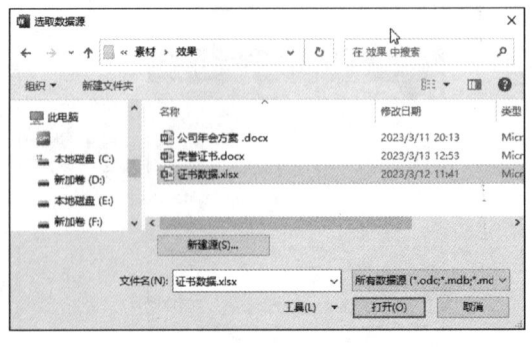

图7—44

(4)打开"选择表格"对话框一,选择"Sheet1 $"选项,并选中下方"数据首行包含列标题"复选框,单击"确定"按钮(如图7—45所示)。

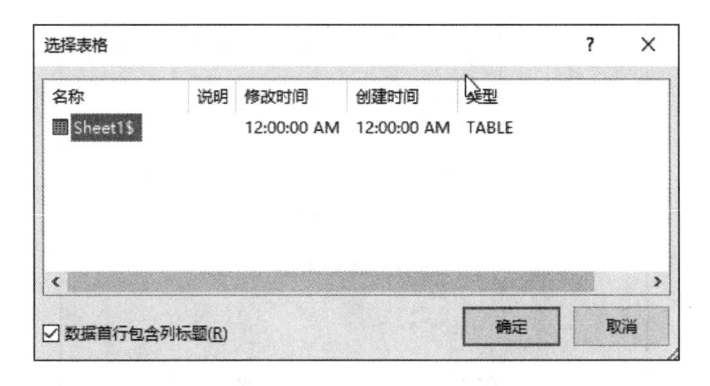

图 7-45

(5)打开"邮件合并收件人"对话框,保持"姓名"项目左侧的复选框被选,然后单击"确定"按钮(如图 7-46 所示)。

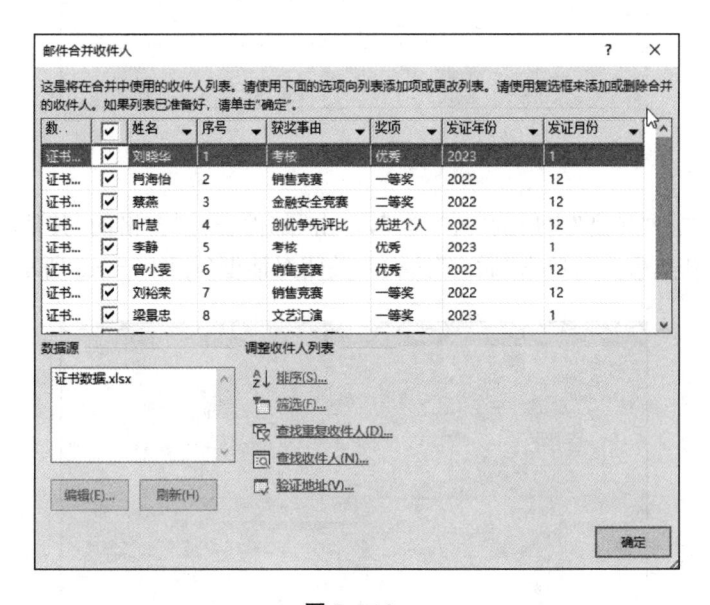

图 7-46

(6)在"邮件合并"窗格中单击"下一步:撰写信函"。
(7)将光标定位到段落第 1 行,选中冒号前的"×××",点击"邮件合并"窗格中的"其他项目",打开"插入合并域"对话框,在"域"列表中选择"姓名"选项,单击"插入"按钮并关闭对话框(如图 7-47 所示)。

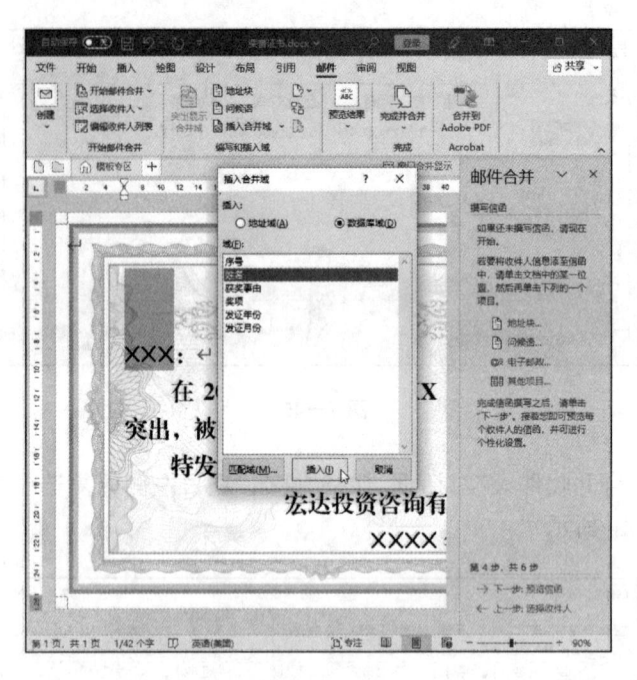

图 7—47

(8)选中第二行"年度"之后的"×××",单击"邮件合并"窗格的"其他项目",在打开的对话框中选择"获奖事由",单击"插入"按钮并关闭对话框(如图 7—48 所示)。

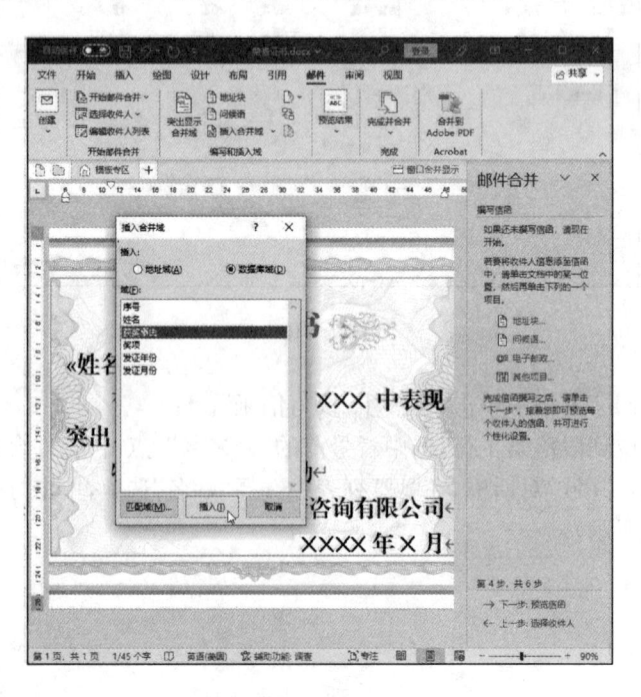

图 7—48

(9)选中第 3 行"被评为"右侧的"×××","邮件""编写和插入域"组中单击"插入合并域",在弹出的下拉列表中选择"奖项"选项(如图 7—49 所示)。

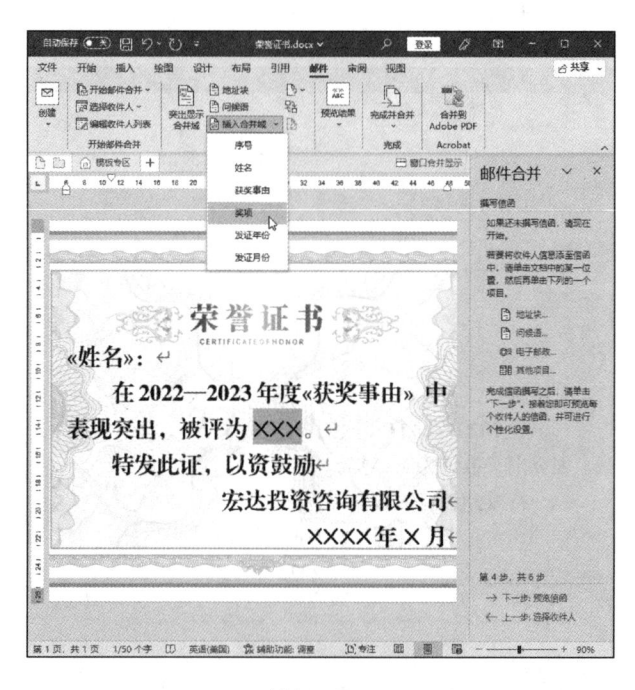

图 7—49

（10）用同样方法，把最后一行的"年"前面的"××××"替换为"发证年份"域，把"月"前面的"×"替换为"发证月份"域（如图 7—50 所示）。

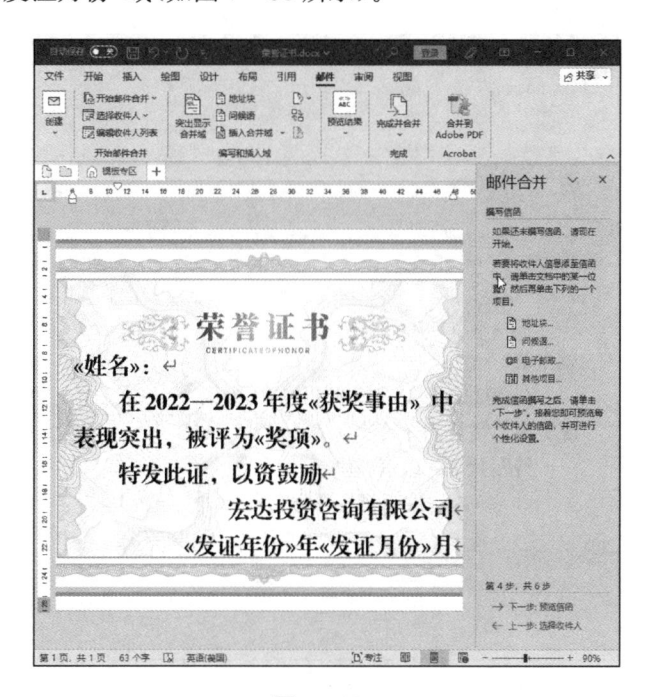

图 7—50

（11）单击"邮件合并"窗格的"下一步：预览信函"。
（12）此时将显示第一张荣誉证书的内容，单击"邮件合并"窗格"收件人"左右的前后按钮,可以在上一张和下一张中预览,确认无误后点击"完成合并"按钮(如图7-51所示)。

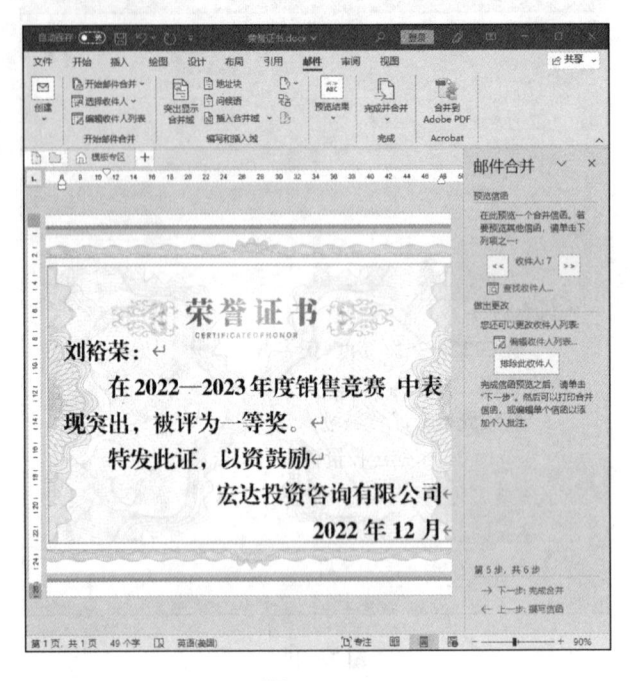

图 7-51

(13)在"邮件合并"窗格中单击"编辑单个信函"(如图7-52所示)。

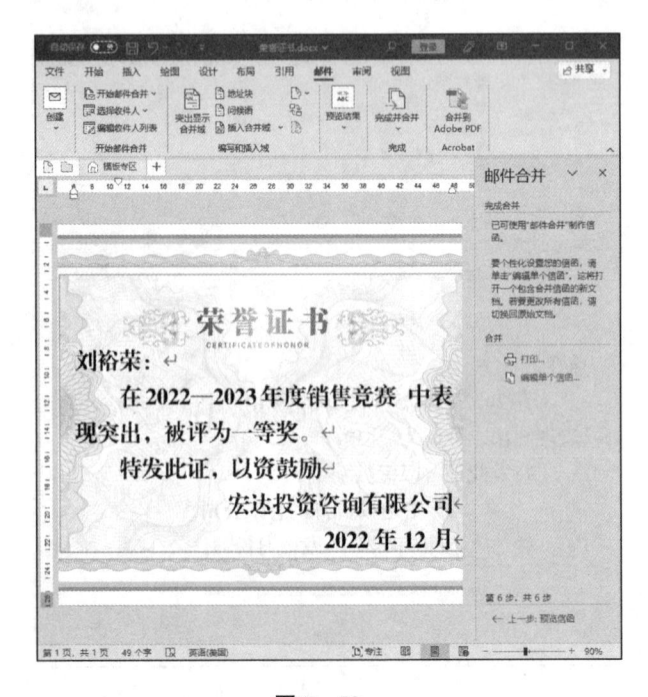

图 7-52

(14)打开"合并到新文档"对话框,保持默认的"全部"单选项,点击"确定"按钮(如图7-53所示)。

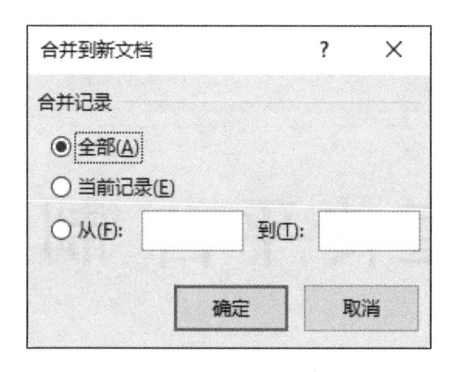

图 7—53

(15)最后按 Ctrl+P 打印荣誉证书。

三、此中真义：技术有限，创新无垠

众所周知，计算机工作的基本原理就是二进制，"0"和"1"两个数字的运算变化出了复杂程序。计算机中的软件形形色色，键盘呈现出来的字母、数字和符号非常有限，因此计算机的高级玩家们都会使用各种各样的快捷键，创建各种程序命令，来给软件操作赋能提速。有限的"0"和"1"，在反复实践甚至是试错的过程中，幻化为无数个文字、图像、表格。劳动创造无限可能。

任务训练

1. 以宏达公司召开年会为背景，利用 Word 邮件合并功能批量制作年会邀请函，不同的客人安排不同的区域（领导和贵宾在 A 区，中层干部在 B 区，普通员工在 C 区）就坐，不同的客人领取不同的礼品袋（贵宾领取红色礼品袋，公司内部员工领取橙色礼品袋）。

2. 为公司制作资产管理制度文档，为制作的具体内容设置不同的级别，实现自动更改标题编号，然后通过分页、添加页面边框和设置页面大小等操作，将资产管理制度文档制作成卡片式效果，便于打印出来后使用。

项目八
搭建宣传平台 制作宣传品

一、基础任务：公众号运维

(一) 引入案例

宏达公司决定在微信公众平台创建一个账号，用来作为公司的对外宣传窗口之一，宣传公司的理念、产品和服务以增加用户黏性和企业美誉度，小王受命执行此项任务。

问题：如何在公司未打算增加预算的情况下完成任务？如何使此公众号从被用户关注开始就提供信息服务？

(二) 实现条件

设施类型	内　　容
硬件	计算机、有线网络或无线网络
软件	Windows10 操作系统、360 安全浏览器

微信公众平台，简称公众号。利用公众号进行自媒体活动，简单来说就是进行一对多的媒体行为活动，如商家通过申请微信公众号二次开发展示商家微官网、微会员、微推送、微支付、微活动、微报名、微分享、微名片等，已经形成了一种主流的线上线下互动营销方式。自 2018 年 11 月起，个人主体注册公众号数量上限由 2 个调整为 1 个；企业类主体注册公众号数量上限由 5 个调整为 2 个。公众平台主要分为服务号、订阅号、企业微信、小程序四个类型。

服务号：主要偏向于服务交互，具有用户管理与提供业务服务的能力，适合企业及组织注册。1 个月（自然月）内仅可以发送 4 条群发消息。

订阅号：主要偏向于为用户传达资讯，功能类似报纸杂志，具有信息发布与传播的能力，24 小时内可以发送 1 条群发消息。适合个人及媒体注册，且个人只能申请订阅号。

企业微信（原企业号）：企业微信继承企业号所有能力，同时为企业提供专业的通信工具、丰富的办公应用与 API，助力企业高效沟通与办公。

小程序：主要提供的是一种新的开发能力，开发者可以快速开发一个小程序。小程序可以在微信内被便捷地获取和传播，同时具有出色的使用体验。

如果想利用公众平台简单发送消息、达到推广宣传的服务效果，建议选择订阅号；如果想利用公众平台销售商品，建议选择服务号，认证后的服务号可申请微信支付商户功能。

订阅号与服务号功能的主要区别如表 8—1 所示。

表 8—1　　　　　　　　　　　　订阅号与服务号功能的主要区别

功能权限	订阅号	认证订阅号	服务号	认证服务号
消息显示在好友对话列表中			√	
消息显示在"订阅号"文件夹中	√	√		
每天可以群发 1 条消息	√	√		
每个月可以群发 4 条消息			√	√
基本的消息接收/回复接口	√	√	√	√
自定义菜单	√	√	√	√
九大高级接口				√
可申请开通微信支付				√

小王应该申请哪一类微信公众号呢？

(三)任务步骤

1. 注册微信公众平台账号

(1)电脑端打开网页浏览器，在地址栏输入："mp. weixin. qq. com"，打开微信公众平台官网，点击右上角的"立即注册"(如图 8—1 所示)。

图 8—1

(2)选择账号类型，在出现的"请选择注册的账号类型"中选择"订阅号"(如图 8—2 所示)。

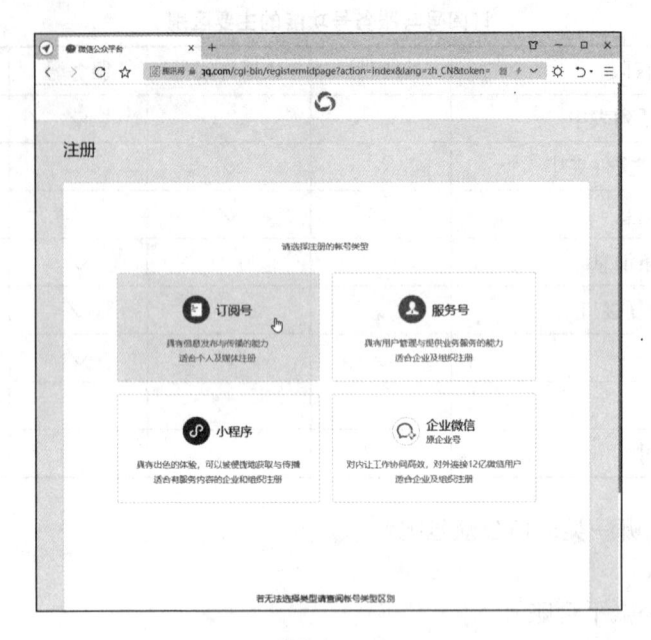

图 8—2

(3)依次输入基本信息,在"邮箱"文本框中输入自己的电子邮件地址,必须是未注册过公众号或者微信的邮箱,点击"激活邮箱"按钮后,登录自己的邮箱,查看激活邮件,填写邮箱验证码,然后输入密码,密码至少 8 位,由字母(含大小写混合)、数字、英文符号等组成(如图 8—3 所示)。以上资料填写完毕,点击"注册"按钮,进入下一步。

图 8—3

(4) 选择注册地：中国大陆(如图 8—4 所示)。

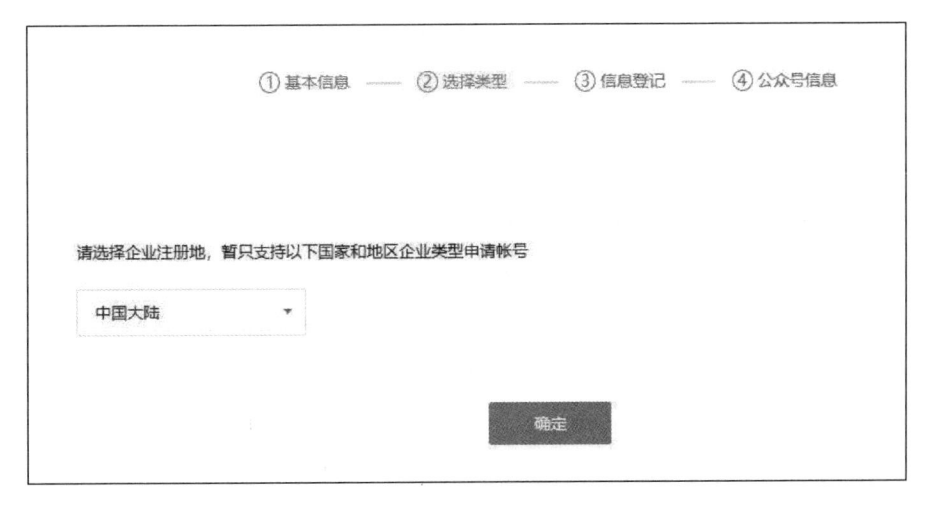

图 8—4

(5) 了解订阅号、服务号和企业微信的区别后，选择想要的账号类型：订阅号(如图 8—5 所示)。

图 8—5

(6) 信息登记，选择订阅号之后，填写身份证信息(如图 8—6 所示)。

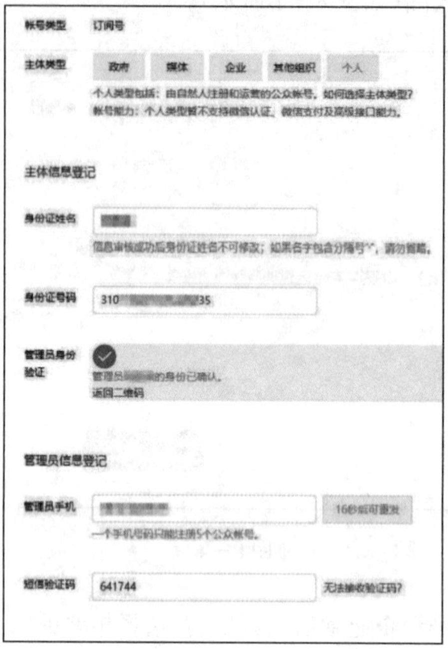

图 8-6

(7)填写账号信息,包括公众号名称、功能介绍,选择运营地区;然后点击"完成"。"账号名称"是公众号昵称,无需与公司名称一致,但不能与其他公众号同名。"功能介绍"无需与公司经营范围一致,但不能带有被保护词、违规的词汇,如微信、热线、兼职、相册等敏感词汇(如图 8-7 所示)。

图 8-7

(8)在网页浏览器地址栏输入:"mp.weixin.qq.com",打开微信公众平台官网,扫码登录管理后台,点击右上角图标 查看所申请的公众号是否已开通,如果没开通,则在"通知中心"中有通知(如图8-8所示)。

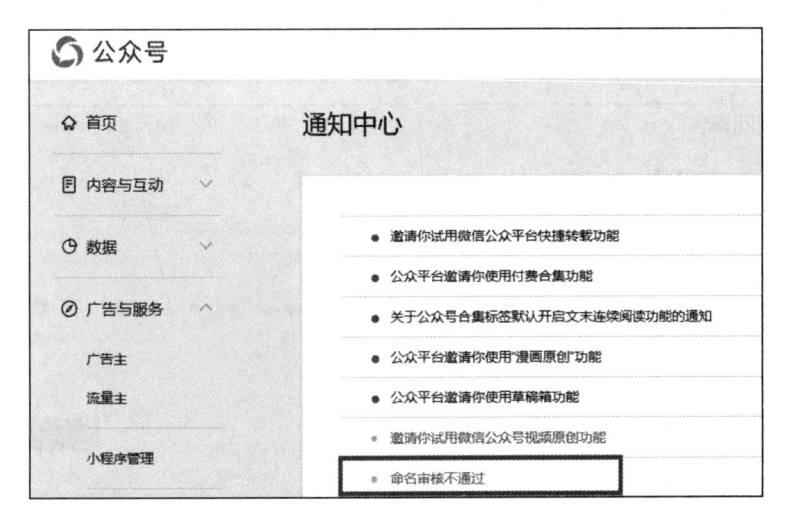

图8-8

(9)点击后可以看到不通过的原因,一般是名称不适合个人使用的情况,可以在左侧栏选"设置与开发"——"公众号设置"里修改公众号名称,直到通过为止。

2. 设置公众号自动回复功能

公众号注册成功后,就获得了自动回复功能,包括了3个分类:被关注回复、收到消息回复、关键词回复。

(1)被关注回复:当有粉丝关注公众号时,公众号平台主动推送给对方的消息,可应用于推送最新活动、优惠等公告信息(如图8-9所示)。

图8-9

(2)关键词回复:设置需要的关键词,并针对关键词设置想要回复的内容,这样,公众号粉丝只要回复这些特定的关键词,就可以得到我们预设好的内容,如引导新关注的粉丝回复关键词查看特定的内容。

点击"添加"按钮即可进入关键词自动回复设置界面,需要设置的内容如图 8—10 和图 8—11 所示。

图 8—10

①规则名称:必须设置,且最多 60 个字。
②关键词:关键词不能为空且单个关键词最多 30 个字,可设置多个关键词,多个关键词不能写在一行,要分别添加。
③关键词匹配有 2 种规则:半匹配(输入的内容包含关键词即可);全匹配(输入的内容与关键词完全一致)。
④回复内容:支持图文消息、文字、图片、音频、视频 5 种类型的内容。可设置多条回复内容。
⑤回复方式:全部回复(在设置了多条回复内容的情况下,当粉丝输对关键词时内容全部回复给对方)、随机回复一条(在设置了多条回复内容的情况下,当粉丝输对关键词时随机回复 1 条内容给对方)。

图 8-11

点击"保存"按钮后返回(如图 8-12 所示)。

图 8-12

(3) 收到消息回复

此功能同样可以设置文字、图片、音频、视频 4 种类型的内容(如图 8－13 所示)。当我们的公众号收到粉丝发来的消息时,可以快速回复对方(除了设定的被关注回复、关键词回复以外的统一回复信息)。如果你经常关注公众号后台,其实这个功能就可以不设置内容;如果有计划做私域流量,那么引导粉丝加自己的个人微信号。

图 8－13

3. 设置公众号功能菜单

微信公众号的自定义菜单栏的功能如同检索目录,可以引导粉丝快速找到公众号提供的信息。

公众号的菜单栏(如图 8－14 所示)主要作用如下。

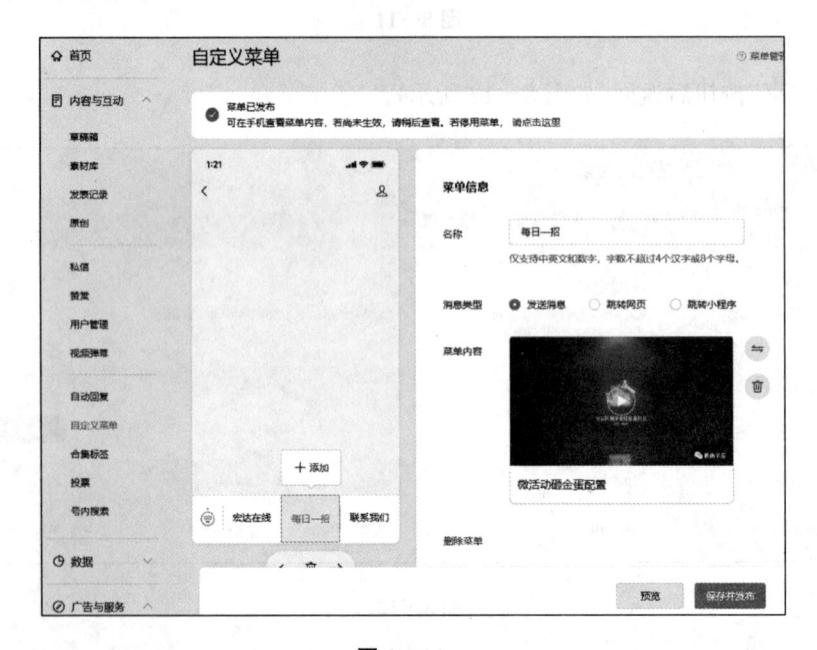

图 8－14

(1)提供内容:将公众号上精华内容合集(可跟话题标签功能结合使用)放在这里,减少粉丝的查找翻阅工作,让他们可以直接获取到。

(2)提供联系:可以将自己的联系方式设置在菜单栏里,让他人可以便捷地找到。此处可以放上自我介绍文章、商务合作联系方式等。

用浏览器进入微信公众平台,点击左侧栏中的"功能"——"内容与互动"组,点击"自定义菜单",点击下方的加号添加菜单,对菜单进行命名,然后再点击添加子菜单,完成添加后,点击"保存并发布"。

二、进阶任务:发布公众号文章,为企业宣传造势

(一)引入案例

宏达公司经过新一轮的内部改革,决定将宣传重心投向以微信公众平台为代表的新媒体领域,并引入新媒体技术优化企业运营与管理流程。小王身为策划助理,受命运营公众号,为即将到来的公司十周年庆在公众号上发文造势。

(二)实现条件

设施类型	内　　容
硬　件	计算机、有线网络或无线网络
软　件	Windows10 操作系统、360 安全浏览器

(三)任务步骤

1. 制作公众号文章封面

"图怪兽"(818ps.com)是一款在线作图神器,为用户提供了大量图片模版,按照新媒体、电商淘宝、平面印刷、企业内部管理、教育等细分人群,将模板按照公众号封面、手机海报、日签、招聘、节日节气等用途分类。用户可通过简单替换修改文字或图片素材完成图片设计,堪称会打字就能用的在线 PS。

(1)用浏览器打开图怪兽网站(https://818ps.com),点击"登录/注册"按钮(如图 8—15 所示)。

制作公众号
文章封面

图 8—15

(2)用手机微信扫码登录,第一次扫码登录将要求关注"图怪兽"公众号,登录后所做的图就会存到"工作台"里,以便日后调出修改(如图8—16所示)。

图8—16

(3)登录之后,在搜索栏中输入"十周年庆",点击"搜模板"按钮(如图8—17所示)。

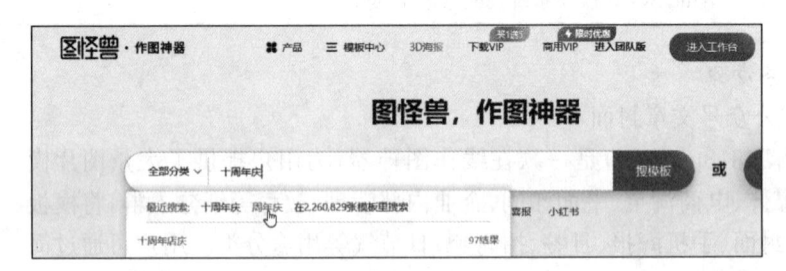

图8—17

(4)显示搜到"十周年庆"有285个模版,找到分类"用途"中的"公众号封面首图"(如图8—18所示)。

图8—18

(5)显示有 28 个结果,点击选择第一行第一列的模版(如图 8—19 所示)。

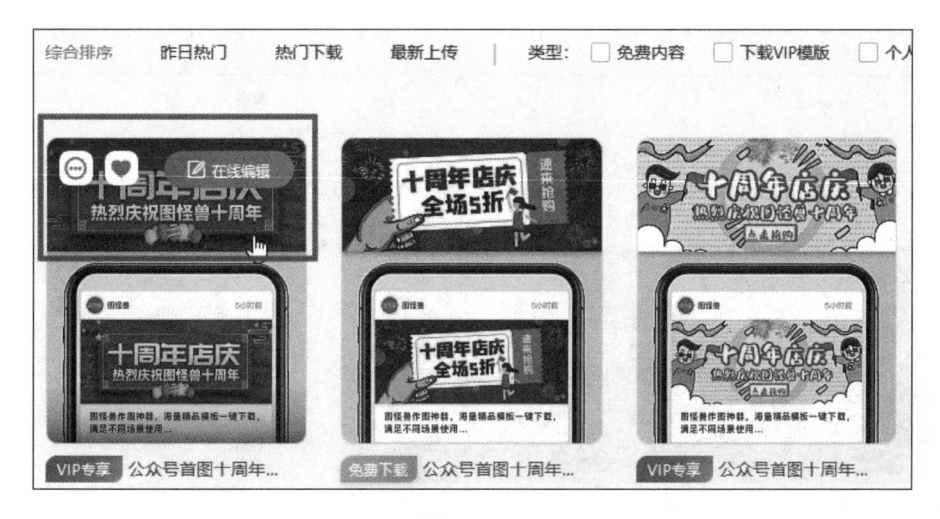

图 8—19

(6)进入编辑模式,修改主标题。双击"十周年店庆",进入文字编辑模式,改为"宏达十周年"(如图 8—20 所示)。

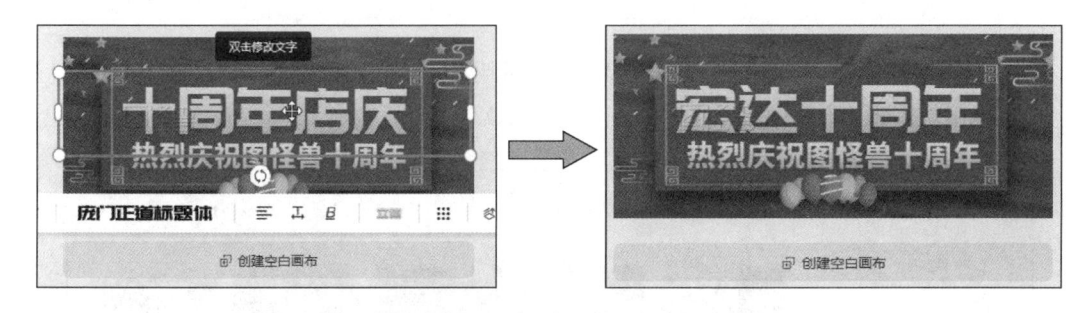

图 8—20

(7)双击副标题,修改为"热烈庆祝宏达公司成立十周年",并在右侧"文字"栏将字号减小到 47(如图 8—21 所示)。

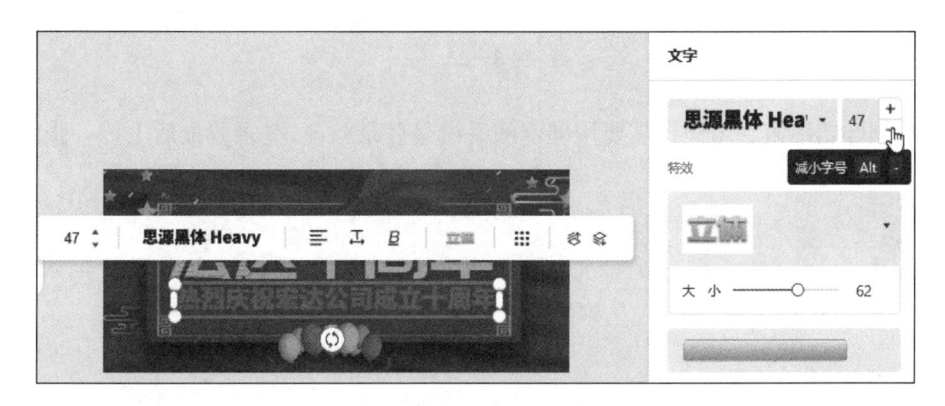

图 8—21

(8)更换背景图片。在画布空白处单击,右侧面板显示为"画布"设置栏,点击"替换背景图"按钮(如图8—22所示)。

图8—22

(9)选择左侧"我的图片"或"背景库",寻找适用的图片,如果都不合意,则点击右上角"上传"按钮从本地上传一张图片(如图8—23所示)。

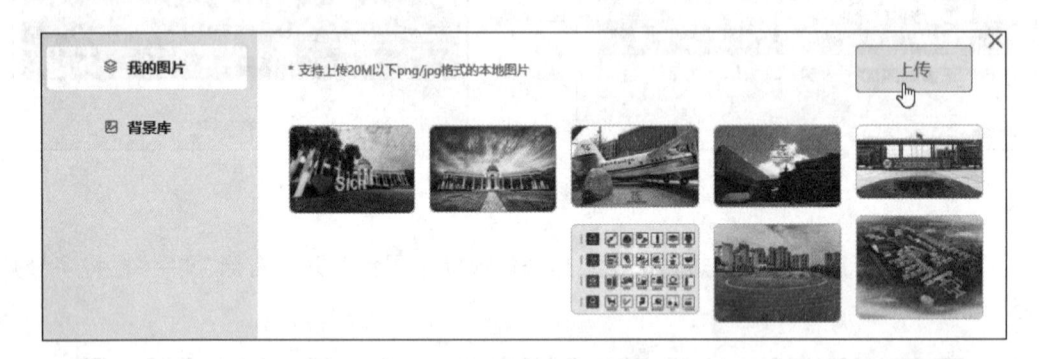

图8—23

点击"上传"按钮后图怪兽需要用绑定的手机号登录验证,登录验证后上传一张图片(如图8—24所示)。

图 8-24

（10）保存图片。适当拖动调整每个图片对象的位置，点击右上角的"无水印下载"按钮将图片下载保存，但是图怪兽的免费无水印下载已经不免费了。现在每天只能通过参加其站内活动免费下载，否则就需要开通 VIP（如图 8-25 所示）。

图 8-25

2. 制作云文字图片

因文字需要配色，但如何配色可能困扰了很多人，如果使用"ColorSchemer Studio"，就可以轻松解决配色问题。只需要选择一个主色，"ColorSchemer Studio"就可实时给出配色方案。

（1）打开"ColorSchemer Studio"，左侧"基准颜色"下选择"颜色库"——"HTML 命名颜色"选择一个主色，如"Medium Violet Red 中青紫红"，当然也可以直接在"RGB"标签页中直接输入颜色的 RGB 值（如图 8-26 所示）。

制作云文字图片

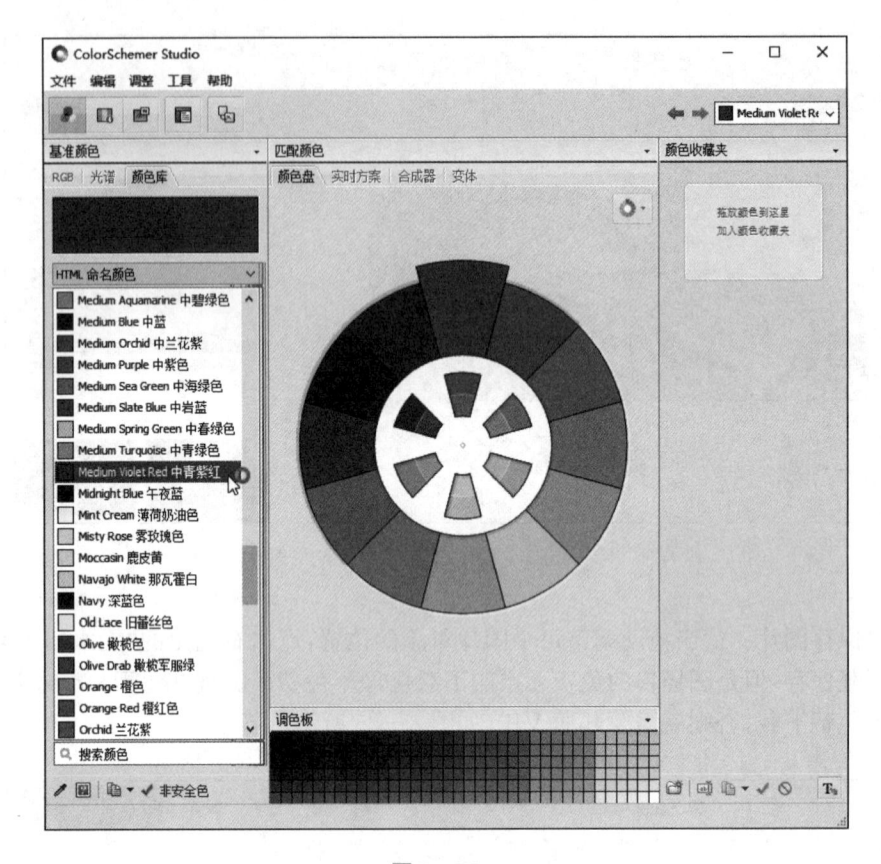

图 8—26

(2) 点击窗口中间的"匹配颜色"下的"实时方案",视图选择"方案浏览器"(如图 8—27 所示)。

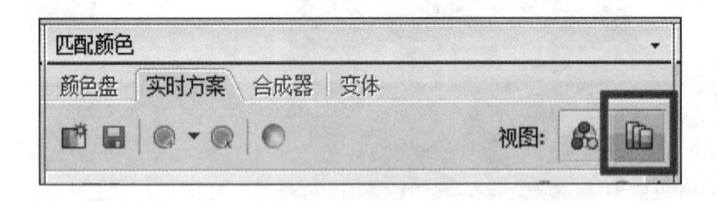

图 8—27

(3) 在给出的颜色方案列表中,向下浏览,选择"平滑渐变"方案。点击"添加"按钮,可以得到每个颜色块的 RGB 值与 Helix 值(如图 8—28 所示)。

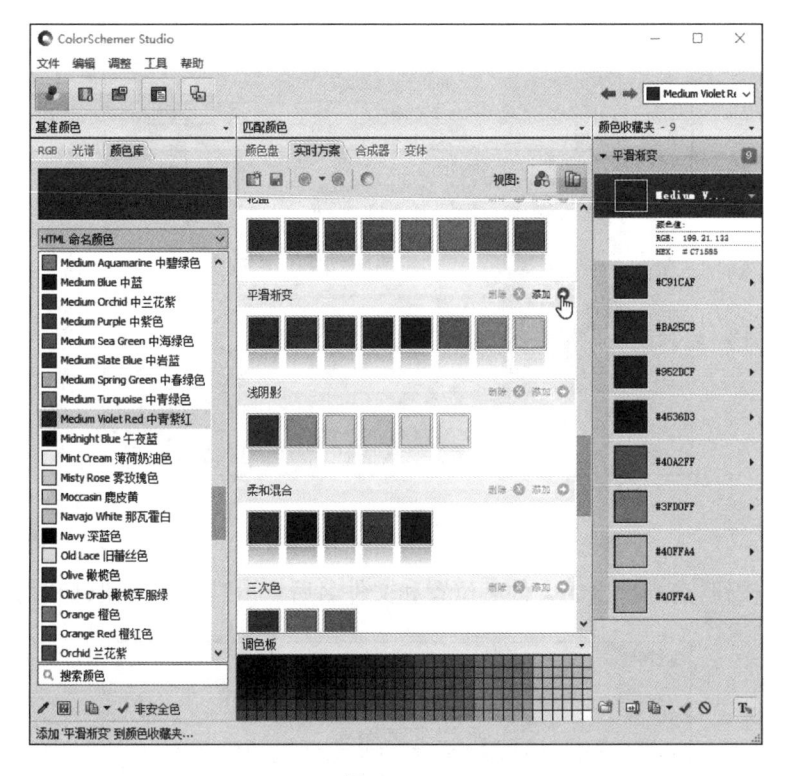

图 8—28

(4)导出配色方案。点击"文件"菜单,选择"导出向导"(如图 8—29 所示)。

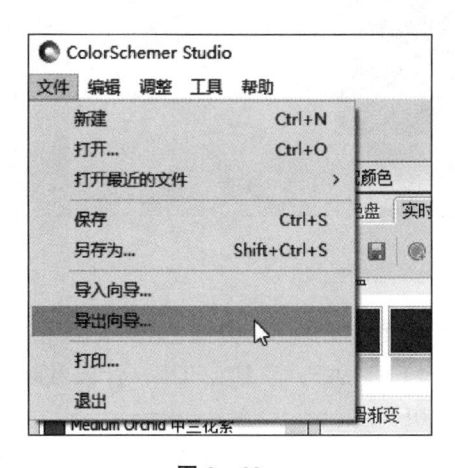

图 8—29

在"导出向导"对话框中"导出颜色收藏夹到:"中选择"CSS 样式表",然后点击"前进"按钮(如图 8—30 所示)。

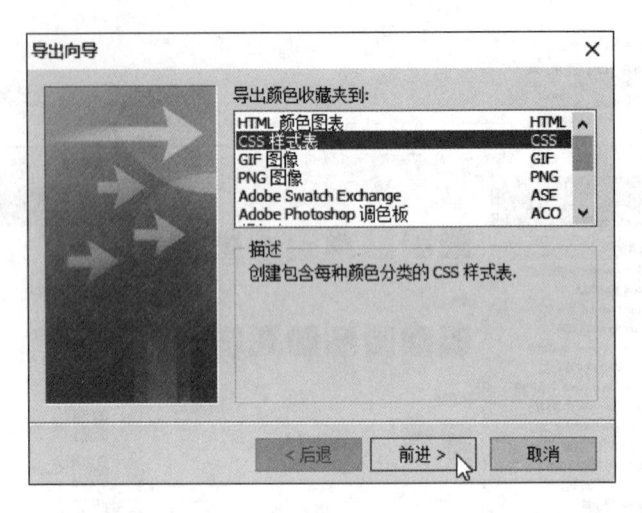

图 8—30

点"浏览"按钮,选择导出的文件夹位置和文件名后点击"导出"按钮(如图 8—31 所示)。

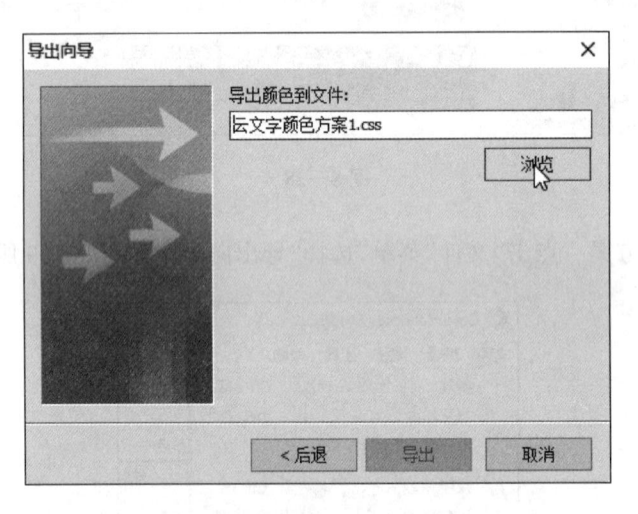

图 8—31

用记事本打开导出的文件就可以看到每种颜色的 Helix 值。接下来制作的云文字就采用此配色方案:♯C71585;♯C91CAF;♯BA25CB;♯952DCF;♯4536D3;♯40A2FF;♯3FD0FF;♯40FFA4;♯40FF4A。

微词云(weiciyun.com)是一款非常实用、简单的在线词云生成工具,可以轻松做出令人眼前一亮的词云图,对文本中出现频率较高的"关键词"予以视觉化的展现,词云图过滤掉大量的低频低质的文本信息,使得浏览者只要一眼扫过文本就可领略文本的主旨,彰显品牌价值。

(1)打开微词云,在浏览器地址栏中输入:www.weiciyun.com,点击页面右上角"创建词云"按钮或者中间的"开始创建"按钮(如图 8—32 所示)。

图 8—32

(2)点击右上角"登录"按钮,用微信扫码登录,接下来所做的云文字将自动存入后台(如图 8—33 所示)。

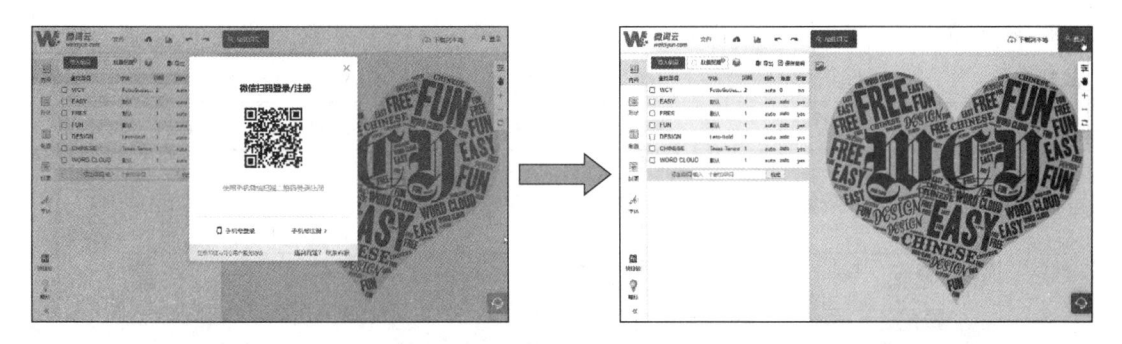

图 8—33

(3)导入关键词。点击左上角"导入单词"按钮,输入构成云文字图形的关键词,每个关键词之前用逗号分隔,越重要的关键词越要写在前面,如:"宏达,十周年,以市场为导向,以客户为中心,以效益为目标,满足客户需求,激情,尊重,简单,公正,卓越,诚信,责任,战略定位,使命,远景,价值观",然后点击"生成并使用"按钮(如图 8—34 所示)。

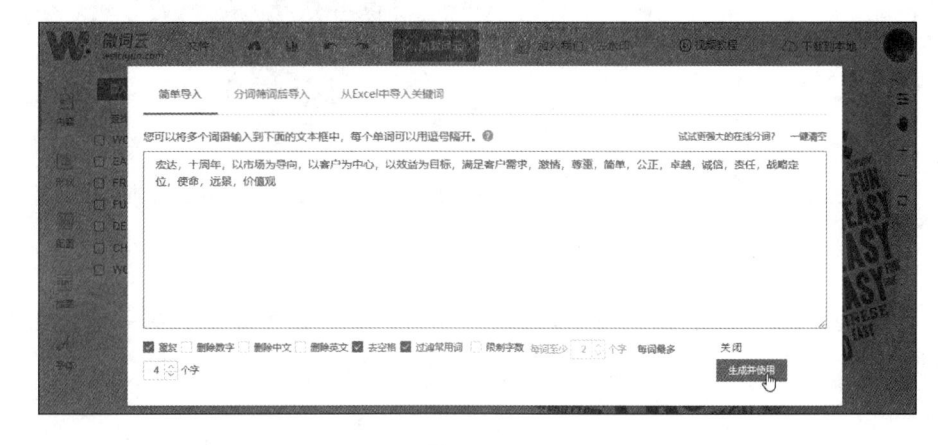

图 8—34

(4)设置关键词字体、大小(词频)、颜色、角度、是否重复等(如表8－2所示)。

表8－2　　　　　　　　　　　　　　　关键词设置

关键词	字体	词频	颜色	角度	重复
宏达	庞门正道标题体	3	#C71585	0	no
十周年	阿里巴巴普惠体－特粗	4	#C91CAF	0	no
以市场为导向,以客户为中心,以效益为目标	思源宋体－超粗	1	#BA25CB	0	yes
激情,尊重,简单,公正	思源黑体－粗体	1	#952DCF	auto	yes
卓越,诚信,责任	装甲明朝体－日繁	2	#4536D3	auto	yes
战略定位	默认	1	#40A2FF	auto	yes
使用,远景,价值观	默认	1	#3FD0FF	auto	yes

点击"加载词云"按钮可以预览词云效果(如图8－35所示)。

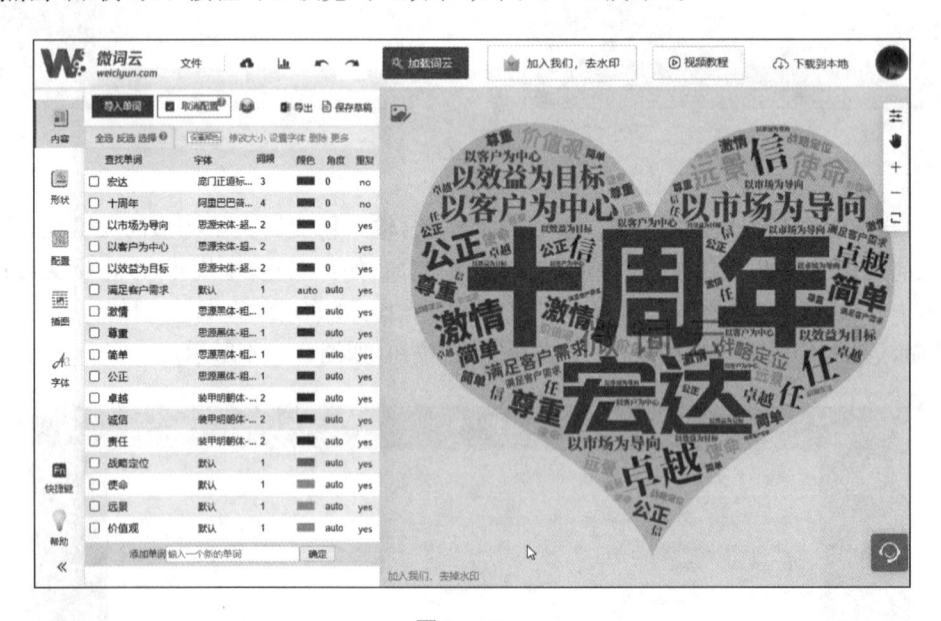

图8－35

(5)为词云选择一个合适的形状,点击左侧"形状"。在图库中选择一个图形(如图8－36所示)。

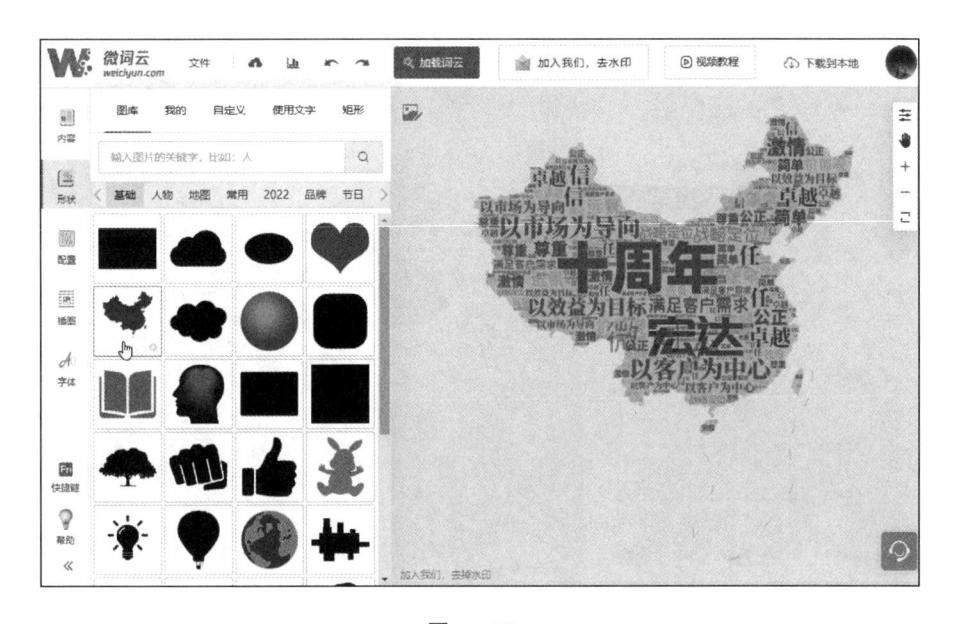

项目八 搭建宣传平台 制作宣传品 115

图 8—36

如果不满意，还可以选择自定义，上传自己的图片做云文字的形状（如图 8—37 所示）。

图 8—37

（6）点击左侧"配置"类别，调整背景色、文字颜色、单词间距、占用间隙、单词数量、遮罩透明度、颜色突出度、旋转角度等。将旋转角度设为"随机"，点击"加载词云"更新预览（如图 8—38 所示）。

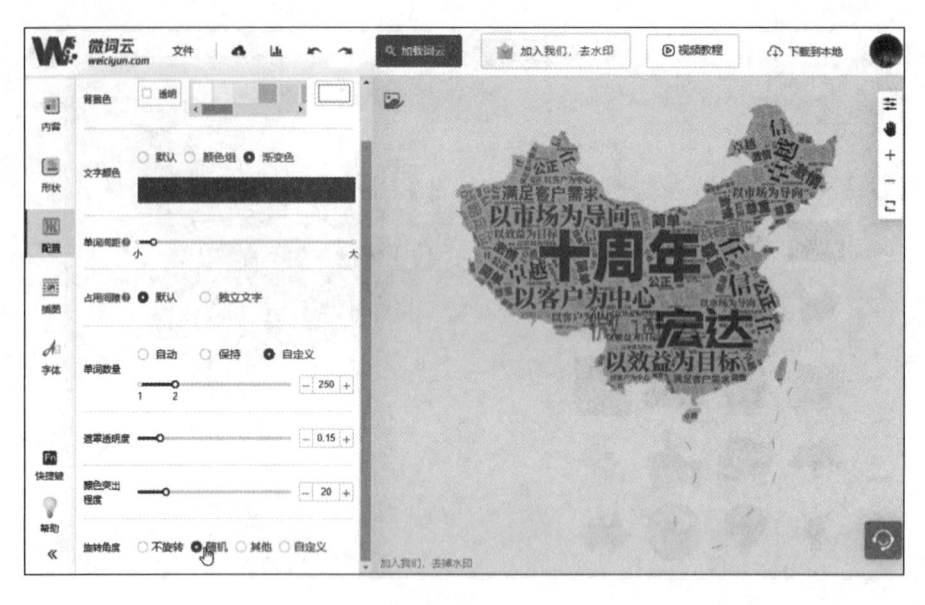

图 8—38

(7) 保存云文字。点击右上角"下载到本地",打开保存界面,保持默认选项,可免费下载无水印的云文字 JPG 图片。如需保存其他格式,则需开通 VIP(如图 8—39 和图 8—40 所示)。

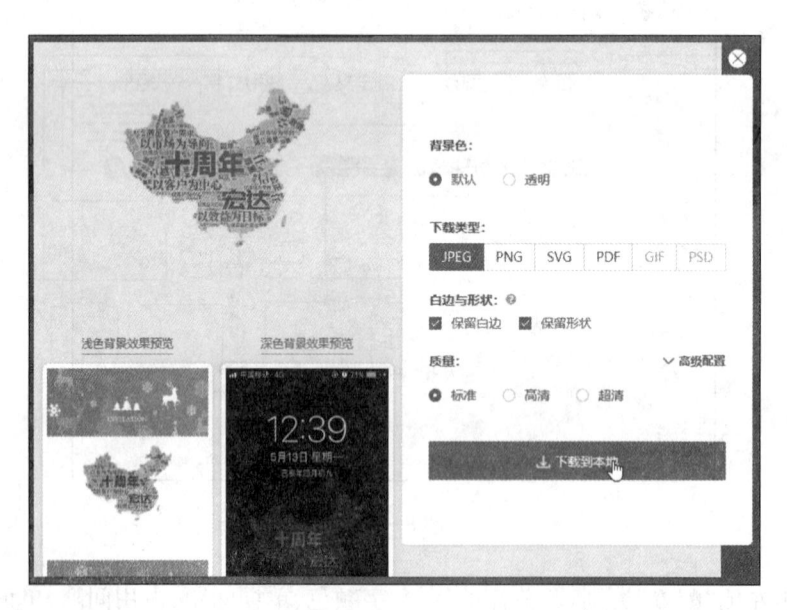

图 8—39

图 8－40

3. 为公众号长图文排版

一般来说，在微信公众平台中编写长图文，只要登录平台后，在左侧栏"内容与互动"下选择"草稿箱"，即可在右侧中间位置点击"＋"，随后在弹出的下拉选项中选择"写新图文"，打开图文编辑器，开始图文创作（如图 8－41 所示）。

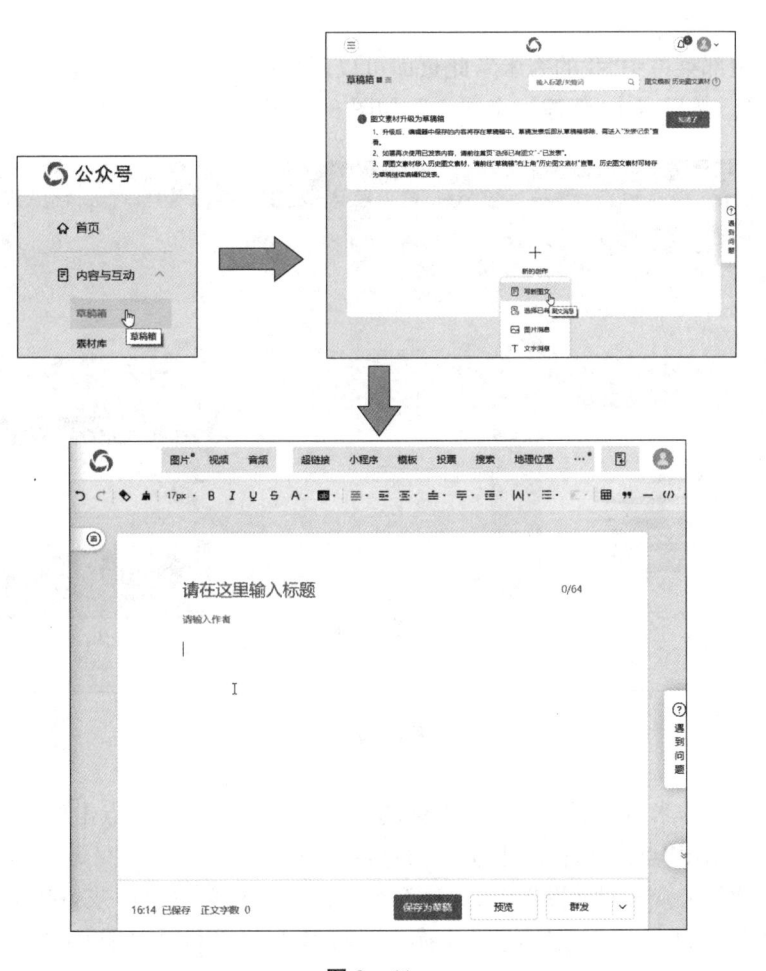

图 8－41

但是由于公众号平台的图文排版工具过于简洁,难以适应复杂多样的排版需求,因此需要借助第三方排版工具,"秀米"编辑器就是其中的佼佼者。秀米是一款专用于微信平台公众号的文章编辑工具,拥有很多原创模板素材,排版风格多样化、个性化,可以设计出专属风格文章排版。同时还内置了秀制作及图文排版两种制作模式,页面模板及组件更丰富、多样化,堪称公众号排版神器。

(1)用浏览器打开秀米,在地址栏输入:xiumi.us,点击右上角"登录"。然后用微信扫码,在微信上点"允许"按钮确认登录(如图8—42所示)。

图8—42

(2)点击顶部菜单中"我的秀米",此页面可以新建图文、查看以往编辑的图文或者同步图文到公众号。然后点击"新建一个图文"(如图8—43所示)。

图8—43

(3)在打开的秀米编辑器中输入图文标题、摘要、作者等信息。点击标题栏左侧的灰色正方形图形,显示出"点击图库换图"提示信息,点击左侧的"上传图片(无水印)"按钮,导入之前制作的"微信公众号封面图"和云文字两个图片。再次单击选中灰色正方形,然后单击上传好的"微信公众号封面图",将图片换上。继续上传素材文件夹中的其他文件(如图8—44和图8—45所示)。

图 8-44

图 8-45

（4）单击左上角"图文模板"，点击放大镜图标，打开搜索框，在搜索框中输入关键词"年会"，然后向下拖动滚动条找到合适的模板，点击加载此模板（如图 8-46 所示）。

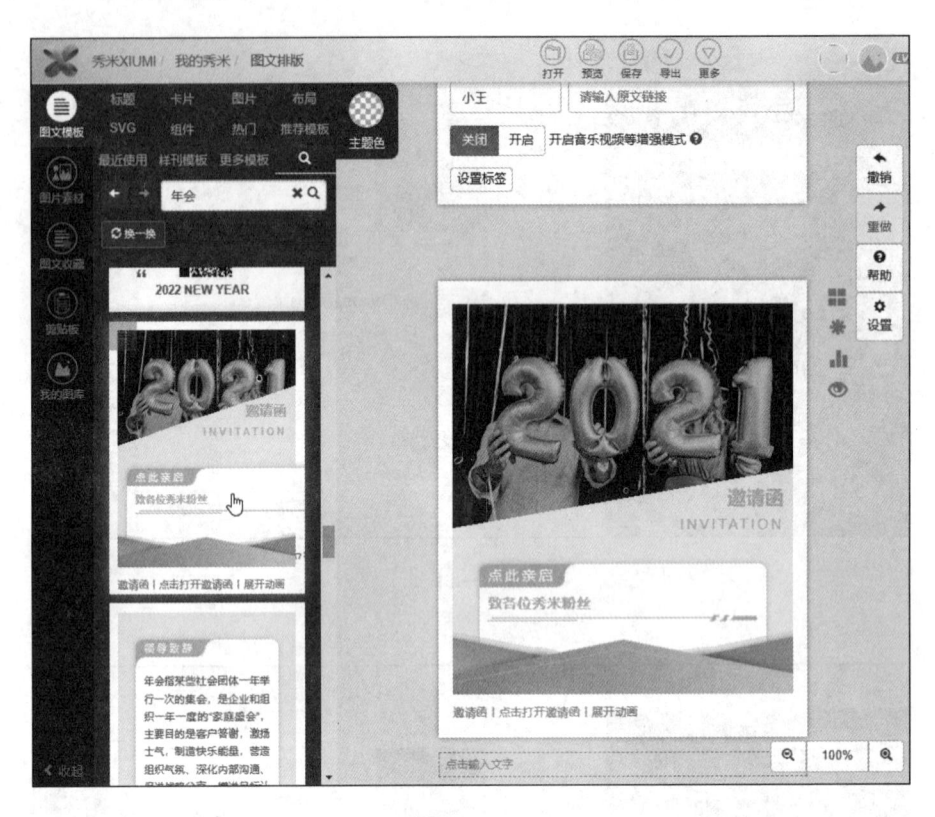

图 8—46

修改标题文字,并点击这一页的图片,然后选择"我的图库"中的"建筑.jpg"更换图片(如图 8—47 所示)。

图 8—47

(5)点击"点此亲启",在弹出的菜单条中选择"编辑"(如图 8—48 所示)。

图 8-48

(6)修改完标题和内容,插入图片,单击"返回"按钮(如图 8-49 所示)。

图 8-49

(7)返回后两次单击模板"领导致辞",插入两页模板(如图 8-50 所示)。

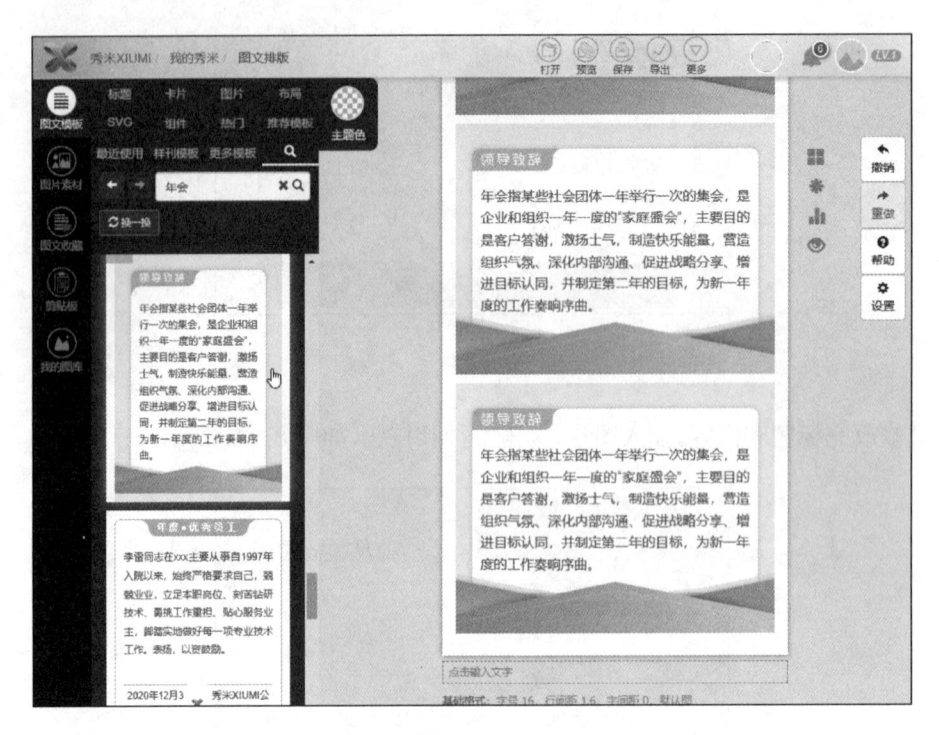

图 8-50

分别修改这两页的标题和内容(如图 8-51 所示)。

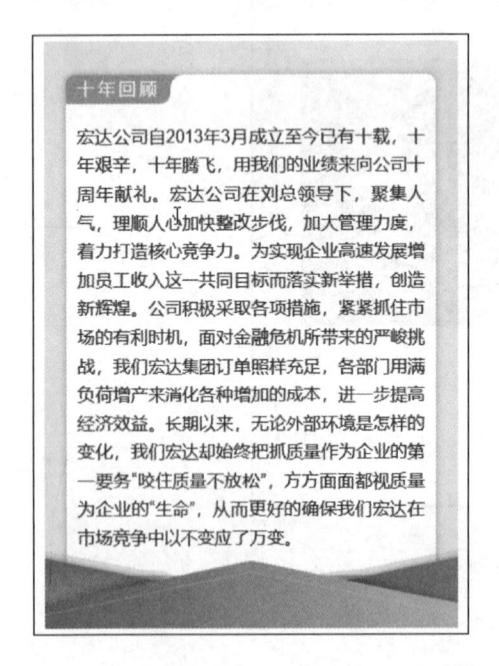

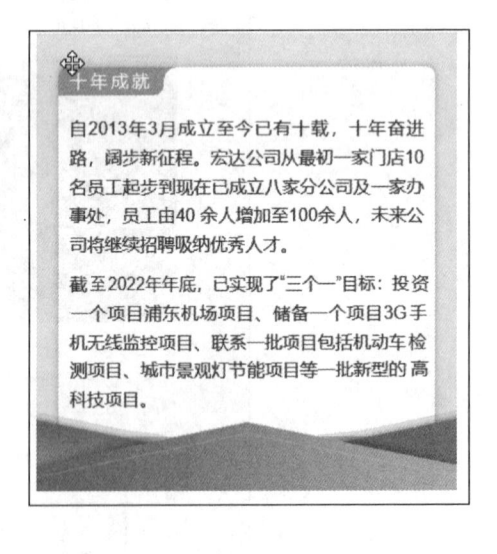

图 8-51

(8)光标定位到"十年回顾"页的段落末尾,选择左侧"图文模版"——"多图"(如图 8-52 所示)。

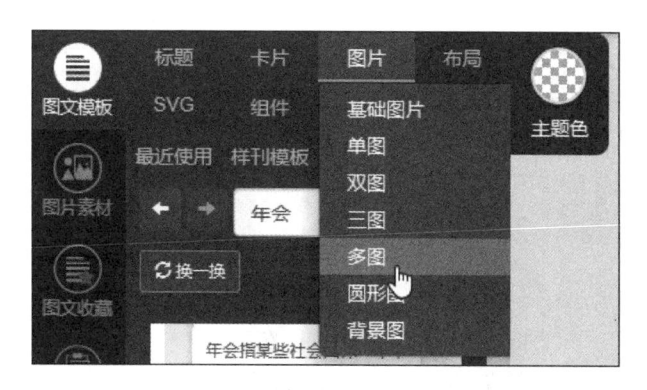

图 8—52

（9）在搜索框中输入"♯31023"（模板编号），定位到一个多图滚动式浏览的模板，点击加载（如图 8—53 所示）。

图 8—53

（10）修改此图片模板的标题为"十年历程"，点击背景可以选中背景图，背景图上出现一个红框，在弹出的工具条中单击第二行工具条中圆形的颜色指示图标，弹出的下拉选项中选择"背景图"（如图 8—54 所示）。

图 8—54

(11)单击左边"我的图库"里的图片"校园风景 2—gray.jpg"作为背景,在"背景图"列表项中选择"不重复",在矩形虚线框外单击完成更换背景(如图 8—55 所示)。

图 8—55

(12)单击"左右滑动查看更多"下方第一张图,使其周围出现一个红框,然后点击左侧图片,更换图片(如图 8—56 所示)。

图 8-56

接着选择第二张图片替换,直到所有图片都替换完成(如图 8-57 所示)。

图 8-57

(13)在图文模板中选择"♯27174"模板,可以在搜索框中输入"年会",然后翻下滚动查找或者直接在搜索框中输入"♯27174",点击加载(如图 8-58 所示)。

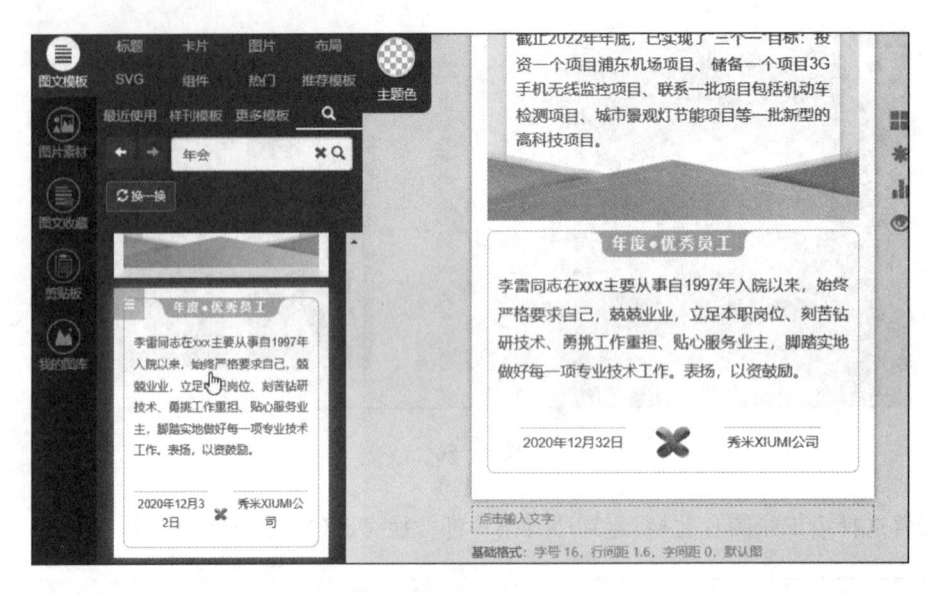

图 8-58

(14)修改标题和内容,标题改为"合作伙伴",把光标定位到内容段落并删除所有文字内容。点击"图文模板"——"标题",在弹出的下列选项中单击"编号列表",从弹出的素材中选择一个编号标题样式,本例选择"♯26883"素材。连续单击 6 下(如图 8-59 所示)。

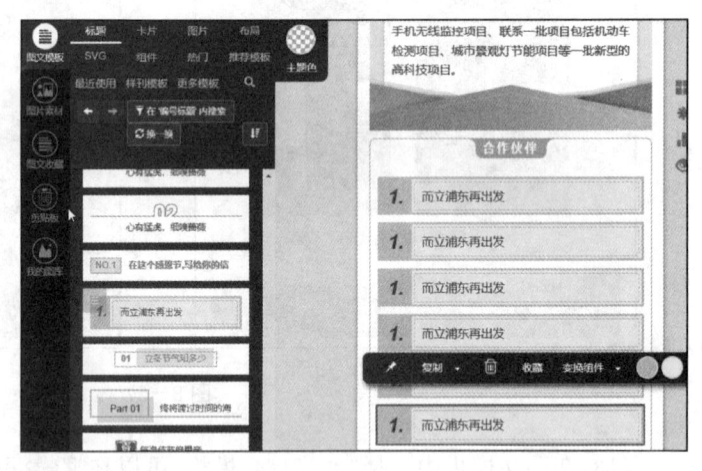

图 8-59

(15)修改编号列表的编号和内容(如图 8-60 所示)。

项目八　搭建宣传平台　制作宣传品　　127

图 8-60

(16)从"我的图库"中单击云文字图片,点击"图文模板"——"组件",在弹出的列表项中选择"关注原文",选择一个模板(编号:♯47006)点击(如图 8-61 所示)。

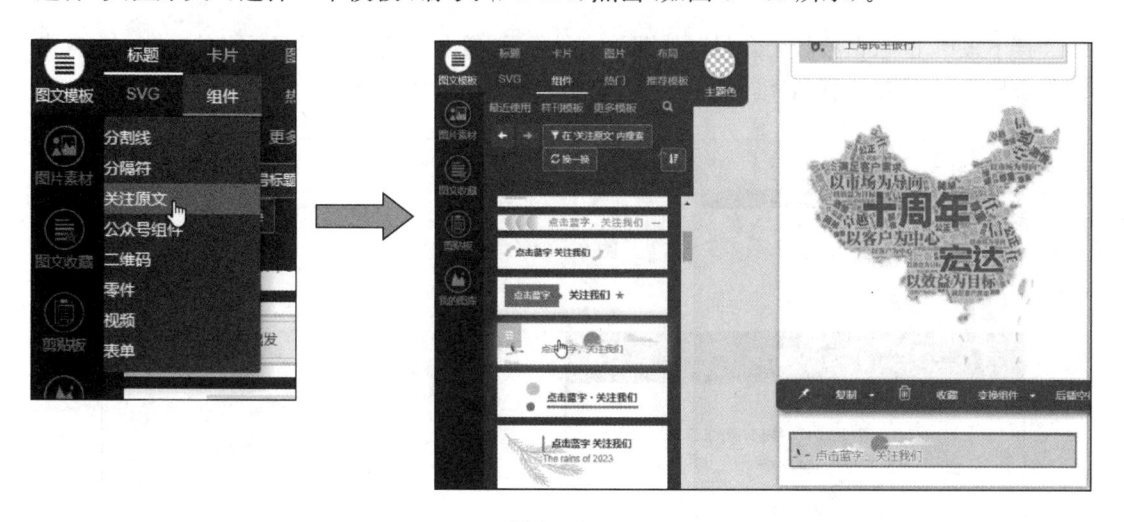

图 8-61

(17)点击顶部"保存"(如图 8-62 所示)。

图 8-62

至此，这篇长图文基本编辑完毕。

（18）为秀米与微信公众号的连接授权。点击左上角"我的秀米"，点击"同步多图文到公众号"（如图 8－63 所示）。

图 8－63

接下来单击顶部"授权公众号"（如图 8－64 所示）弹出"微信公众号登录"对话框，点击"微信公众号授权"按钮，出现二维码，用手机端微信扫码，点击"更新授权"（如图 8－65 所示）。

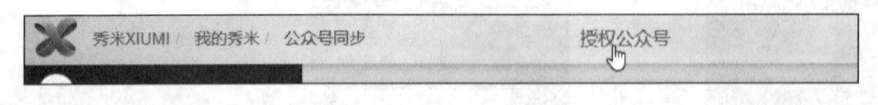

图 8－64

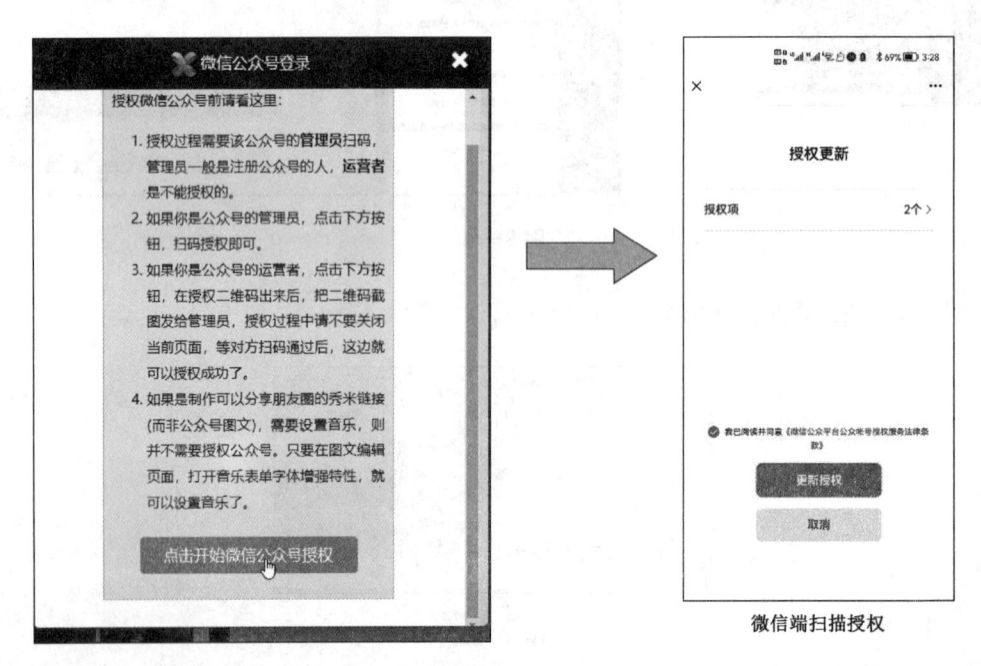

微信端扫描授权

图 8－65

完成授权后即可将长图文同步到公众号(如图 8—66 所示)。

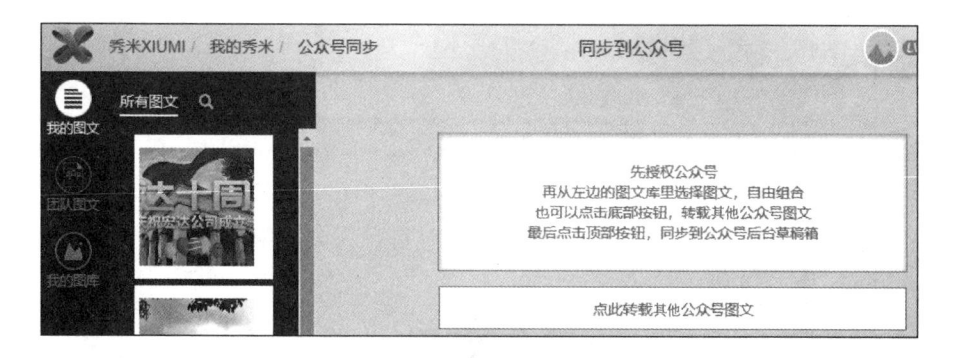

图 8—66

(19)在左边的图文库中单击选择刚刚做好的一条图文,鼠标移到顶部"同步到公众号"即可弹出对话框,点击"开始同步"(如图 8—67 所示)。

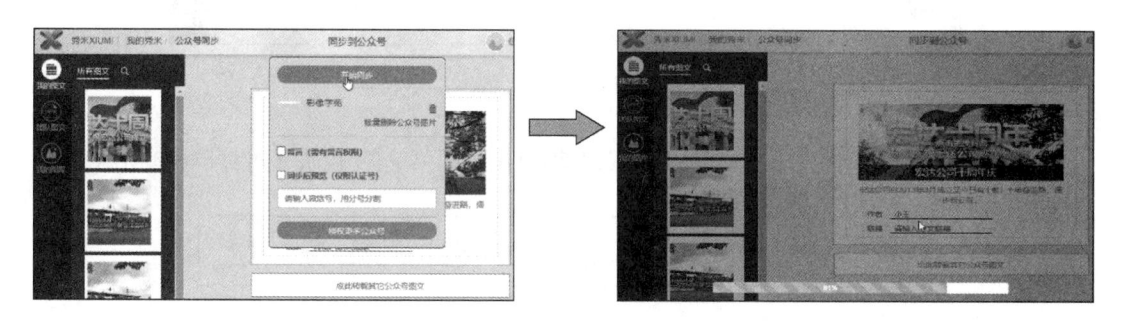

图 8—67

4. 为公众号长图文添加投票和导航功能并发布

在秀米编辑器中完成对图文的编辑并同步到公众号平台后,可以为此图文添加投票以扩展图文的互动功能。

(1)进入微信公众平台,左侧"内容与互动"——"草稿箱",可以看到刚刚同步进来的长图文,鼠标移到图片上可点击"编辑",打开公众号平台的内容编辑器(如图 8—68 所示)。

图 8-68

(2)光标定位到长图文末尾,"关注我们"之前,点击顶部菜单条"投票"(如图 8-69 所示)。

图 8-69

(3)打开"发起投票"对话框,单击"新建投票"(如图 8-70 所示)。

图 8-70

(4)输入投票名称(投票名称不显示在下发的投票内容中):"网络评选最佳团队";截止时间 2023 年 4 月 1 日 0 点。只设一个问题,标题"评选出你心目中的最佳团队",选择方式为单选,选项一为企划部,选项二为人事处,选项三为投资部。点击选项三右边的"+",增加选项四为工程部。点击"保存并发布"按钮(如图 8—71 所示)。

图 8—71

(5)在弹出的"发布投票"对话框中选择"发布"按钮,确认发布(如图 8—72 所示)。

图 8—72

(6)回到刚才的图文编辑器下,再次单击顶部的"投票"按钮,打开"发起投票"对话框,选择刚才做的投票"网络评选最佳团队",然后单击"确定"按钮(如图8—73所示)。

图8—73

为实现"一键导航",点击顶部"地理位置"(如图8—74所示)。

图8—74

(1)打开"插入位置"对话框,在地址栏中输入具体的地址后回车,从左边搜到的列表中选择一个最接近的地址链接,点击"下一步"按钮(如图8—75所示)。

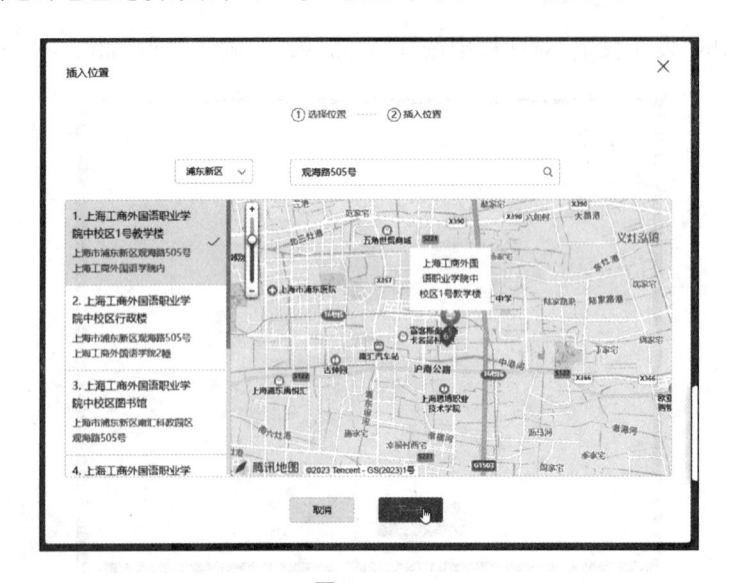

图8—75

(2)在"插入位置"对话框中"选择展示方式"中单击"地图卡片",然后单击"确认"按钮。

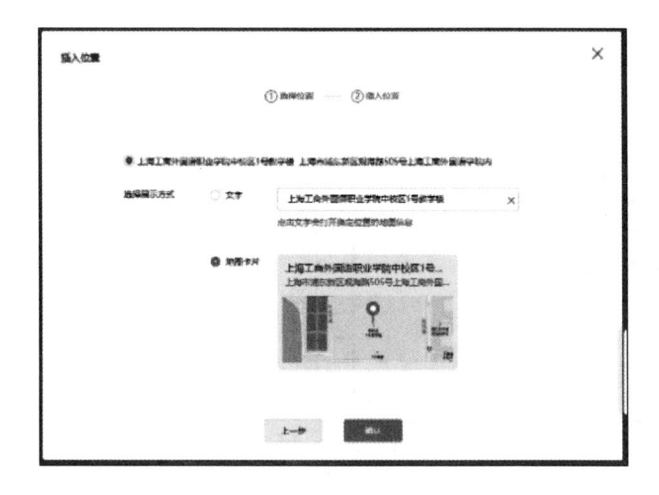

图 8—76

(3)返回图文编辑器中,点击右下角"群发"按钮。
(4)打开群发消息对话框,单击"群发"按钮(如图 8—77 所示)。

图 8—77

(5)再次出现群发的确认,提示"消息开始群发后无法撤销",单击"继续群发"按钮。

图 8—78

(6)接下来要求微信验证,用管理员微信扫码验证通过,就正式发布出去了。

图 8—79

最终效果如图 8—80 所示。

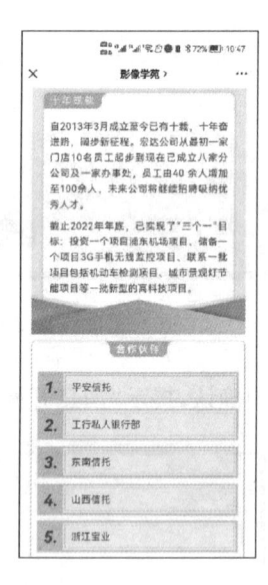

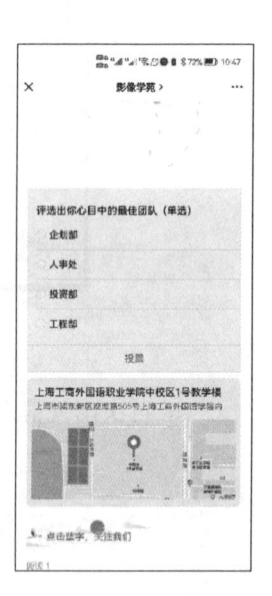

图 8—80

三、此中真义:以人为本,求真务实

"酒香也怕巷子深。"企业要善于运用丰富的自媒体工具宣传自己的业务,树立良好的企业形象。职场人应合理选择、综合考量各类工具的作用。搭建公众号要有对象意识,除了从企业宣传的角度出发之外,还要从"顾客""受众"的角度考虑,多去想想他们希望通过公众号看到什么,了解什么。职场新人的工作意识由此建立。

任务训练

1. 宏达公司将在年末召开技术研讨会,并在微信公众平台发布文章报道此事,请以此为主题制作此公众号的文章封面图,要求大小为 900×383 像素,封面图文本为"宏达技术研讨会"、80号字、设置任意字体和效果、加粗。

2. 为宏达公司年末召开的技术研讨会制作云文字,关键词:"宏达技术研讨会,技术趋势和发展方向,技术创新和研发,安全和隐私保护,数字化转型和企业应用,用户体验和设计思路,未来技术的展望和预测",主关键词"宏达技术研讨会"大小为4、颜色为蓝色;"技术趋势和发展方向"大小为3,颜色为红色;"技术创新和研发"大小为3,颜色为绿色,形状采用"树"样式。

项目九 巧用二维码 优化管理流程

一、基础任务：二维码发布会议通知

（一）引入案例

年关将至，宏达公司决定召开年会。经过前期准备，已明确了会议的时间、地点和内容安排，小王负责向公司领导和全体员工发布年会通知。

如何以最经济最快的方式发布通知并确认对方收到？

（二）实现条件

设施类型	内　　容
硬　件	计算机、有线网络或无线网络
软　件	Windows10 操作系统、360 安全浏览器

（三）任务步骤

1. 制作"会议通知"二维码

草料二维码（cli.im）是一个简单易用的二维码生成及管理平台。免费即可使用，付费享有更多专享功能。草料二维码提供二维码生成、美化、印制、统计、管理等技术支持和行业解决方案。每个组织和个人都可以高效运用二维码解决问题，减少信息沟通成本，提升营销和管理效率。

（1）制作"会议通知"二维码

在浏览器地址栏输入：cli.im，打开草料二维码的网站平台，并点击"登录后台"（如图9—1所示）。

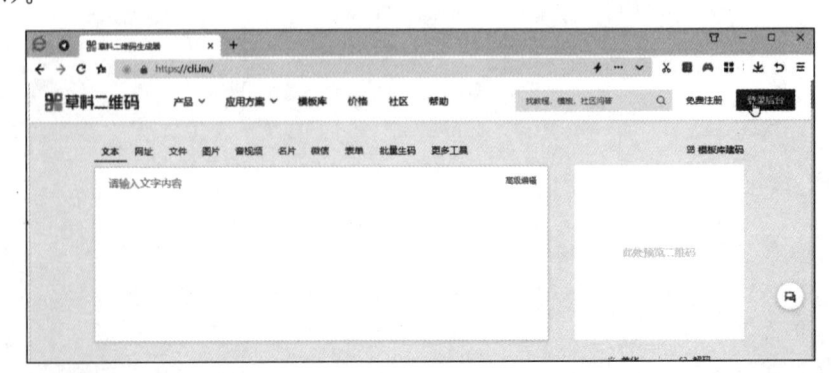

图 9—1

用手机端微信扫码登录(如图 9-2 所示)。

图 9-2

登录成功后,进入后台界面,点击"空白建码"(如图 9-3 所示)。

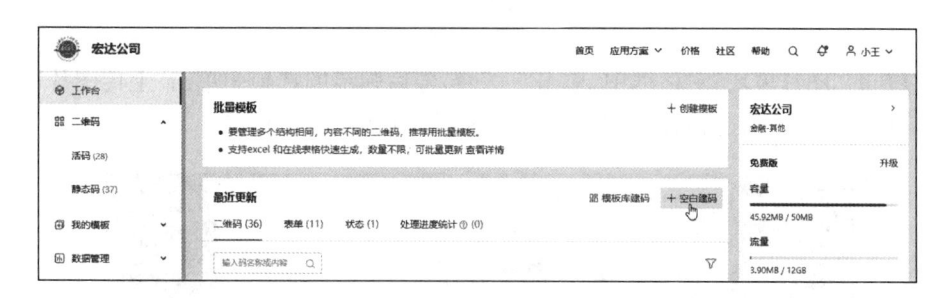

图 9-3

进入编辑界面后,输入标题:"关于举办宏达公司年会的通知",然后单击标题下的"插入图片"图标按钮,在弹出的下拉选项中单击"上传图片"选项(如图 9-4 所示)。

图 9-4

在弹出的"打开"对话框中选择合适的图片,单击"打开"按钮上传图片(如图 9-5 所示)。

图 9—5

在打开的"图片模块"对话框中,单击"＋"号,随后弹出的选项中单击"上传图片"继续添加图片,可重复这个过程直到所需图片都添加完毕(如图 9—6 所示)。

图 9—6

图片添完毕后,在"图片模块"对话框中选择"图片样式设置"为"留白","图片展示设置"为"每隔 2 秒自动轮播",然后单击"确定"按钮(如图 9—7 所示)。

图 9—7

点击编辑区的"样式库"按钮,在左侧打开的样式中选择"免费样式"下的"标题"组样式,在列出的标题样式中选择一个合适的样式(如图 9－8 所示)。

图 9－8

修改标题内容为"宏达公司举办年会的通知",在左侧栏中将"标题"切换为"正文",选择一个合适的正文样式(如图 9－9 所示)。

图 9－9

然后替换文本内容为通知说明内容(如图 9－10 所示)。

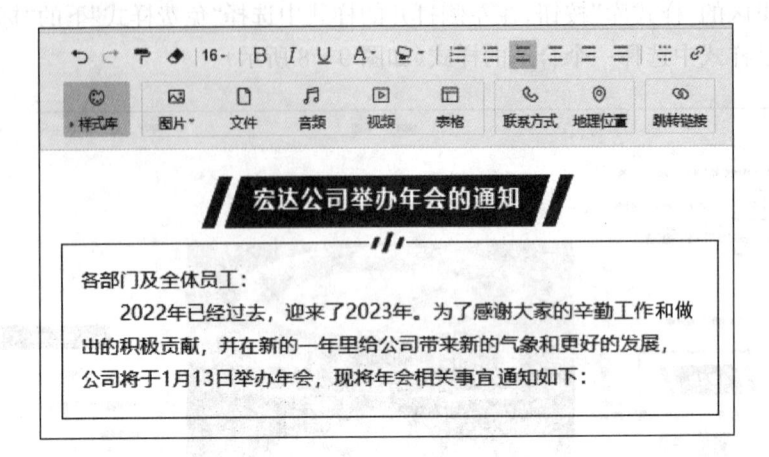

图 9-10

在左侧栏中选择一个如图 9-11 所示的正文样式。

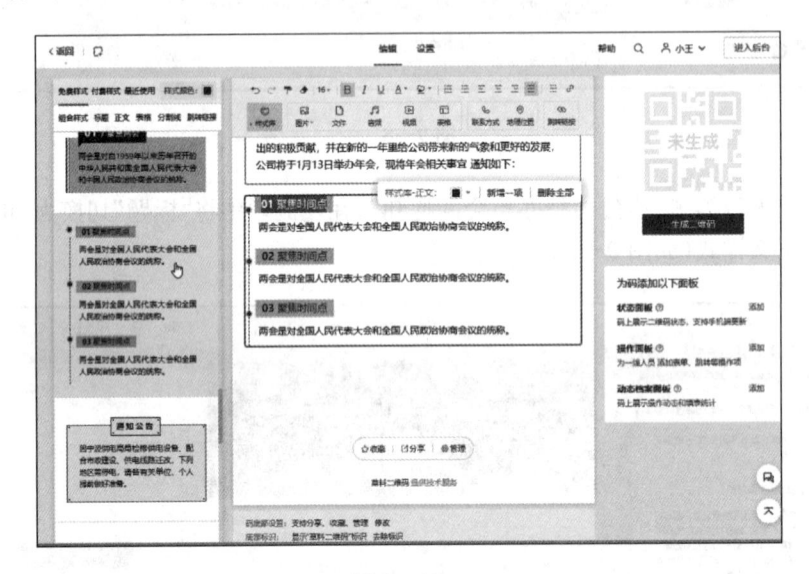

图 9-11

将鼠标移到新增的样式内容的底部,出现一排四个快捷按钮,点击其中的"＋"即"插入一项"的按钮,新增一个列表项(如图 9-12 所示)。

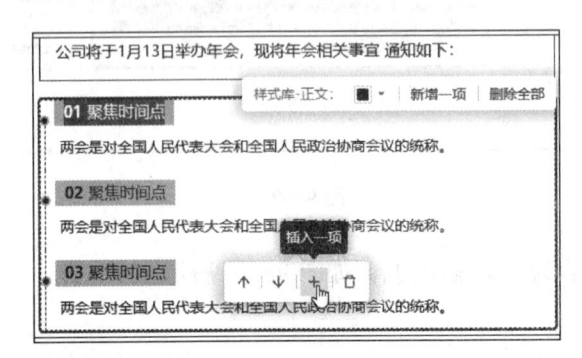

图 9-12

替换其中的文本内容为会议的安排内容(如图 9-13 所示)。

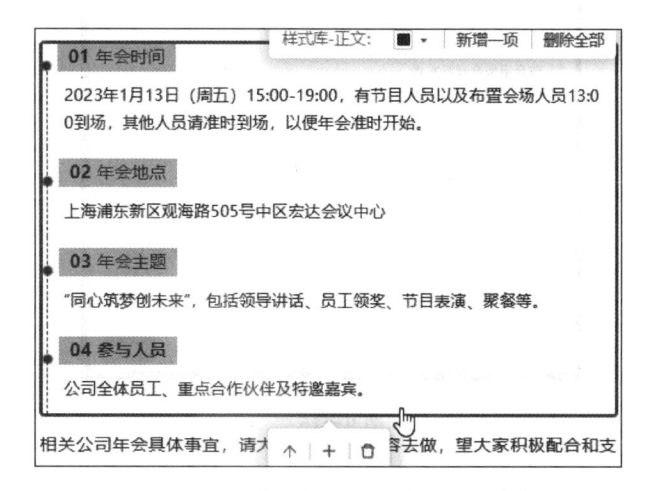

图 9-13

将光标定位到文末,点击工具栏的"联系方式"按钮,打开"插入联系方式"对话框,输入标题为"年会组委会联系方式",输入联系的电话号码和电子邮箱,并点击"地址"按钮(如图 9-14 所示)。

图 9-14

在"插入位置"对话框的文本框输入地址后回车查看地图,可用鼠标点击选择定位点,然后点击"确认"按钮。

回到"插入联系方式"对话框,可继续修改地址名称为"上海宏达公司国际会议中心(中区)",点击"确定"按钮(如图 9-15 所示)。

图 9—15

为了给这个通知添加名为"已阅"的收到通知的确认功能,需要添加表单。点击正上方的"＋表单"(如图 9—16 所示)。

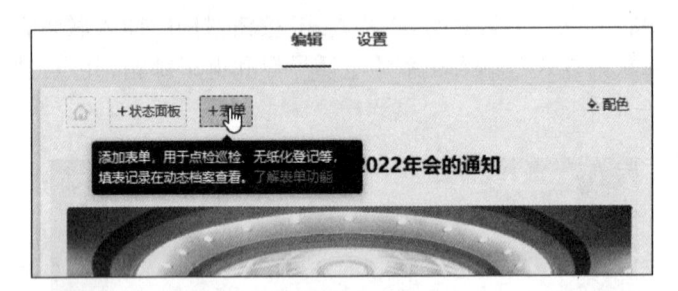

图 9—16

在"关联表单"对话框中选择"新建表单"(如图 9—17 所示)。

图 9—17

在接下的"表单模板库"页面中,选择"从空白新建"(如图 9—18 所示)。

图 9—18

将表单标题改为"收到通知",底部"提交"改为"已阅"。从左侧的表单组件栏,将"填表人信息"中的工号、姓名、手写签名这三个组件拖拽到表单中,其中,工号组件设置为:必填、自动填充上次填写的内容、内容不可重复提交(如图9—19所示)。

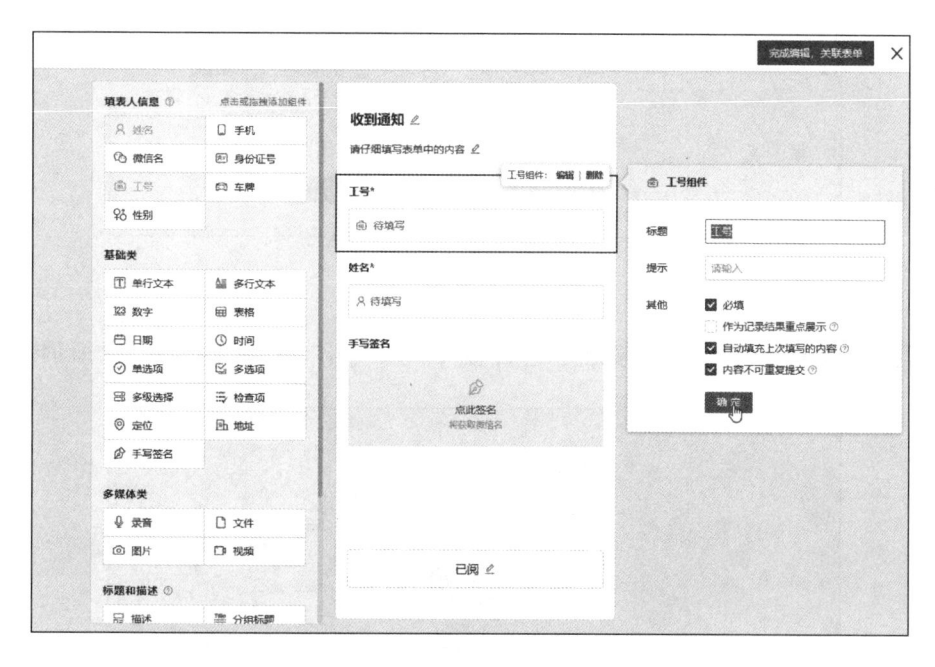

图 9—19

姓名组件设置为:必填、自动填充上次填写的内容(如图9—20所示)。

图 9—20

手写签名组件设置为:水印内容为"获取微信名"。完成后点击右上角"完成编辑,关联表单"(如图9—21所示)。

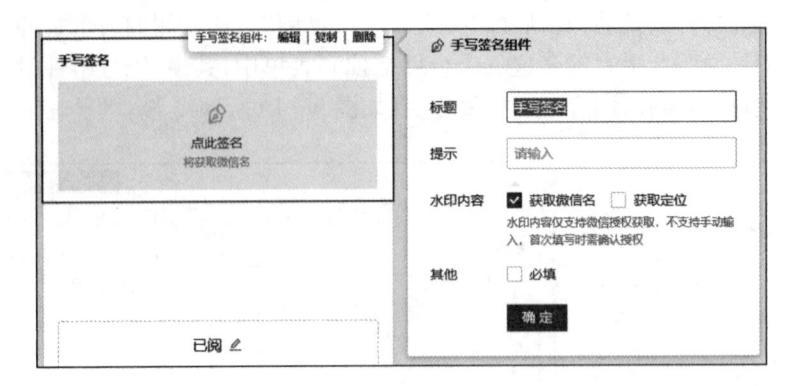

图 9—21

回到文本编辑模式下,鼠标移到"操作面板"区域,单击"切换"(如图 9—22 所示)。

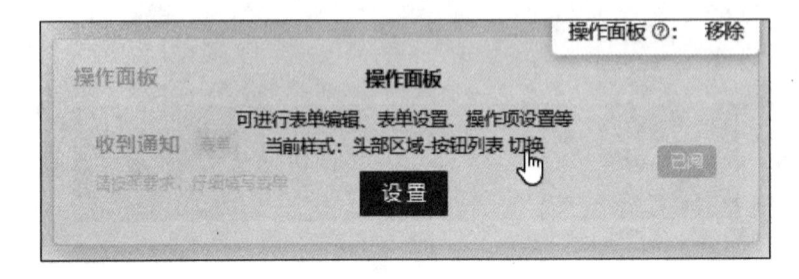

图 9—22

在"请选择操作面板样式"对话框中选择"底部悬浮按钮",入口位置设为"正文下方",点击"确认样式"按钮(如图 9—23 所示)。

图 9—23

将底部绿色条上的文字改为"我已阅读"(如图9—24所示)。

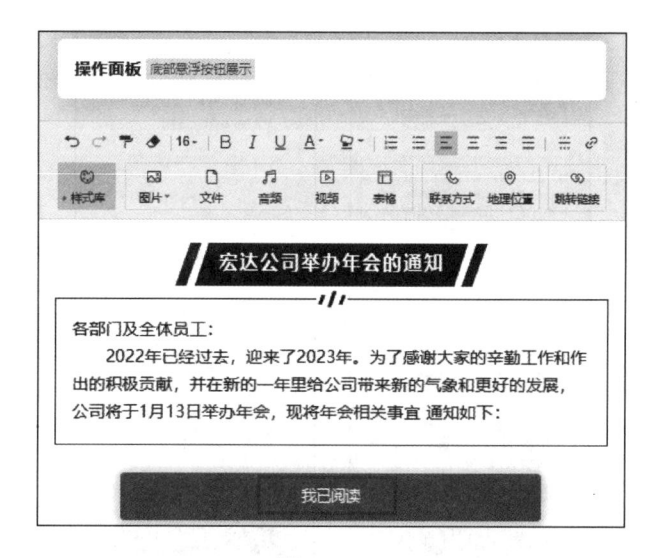

图9—24

点击右上角"生成二维码"按钮(如图9—25所示)。

图9—25

然后点击下方"保存"按钮。点击"下载图片"就可以下载保存二维码(如图9—26所示)。

图9—26

扫码后即可看到通知,填写回执(如图9—27所示)。

图 9—27

2. 美化二维码

草料二维码标签美化功能提供150多种样式模板,可按使用场景筛选。所有样式模板均可免费使用,同时支持添加Logo、修改颜色、背景、添加文字等自定义设置,可自由组合做出符合需求的二维码标签。同时支持将样式保存到账号下,方便后续建码。

打开草料二维码首页(https://cli.im),点击"美化"(如图9—28所示)。

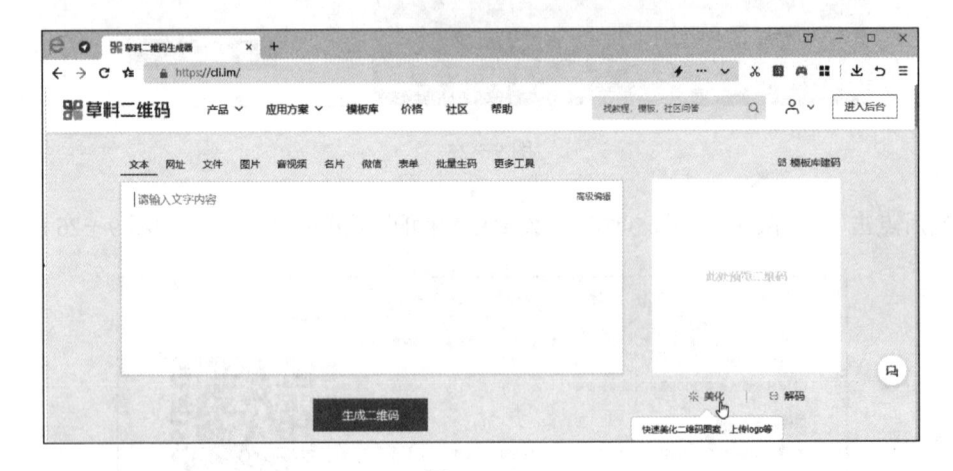

图 9—28

单击"点击生码"(如图9—29所示)。

项目九　巧用二维码 优化管理流程　　147

图 9－29

在"输入内容生码"对话框中,点击"上传图片解码",上传需要美化的二维码图片,上传后出现一行网络地址,点击"生成二维码"按钮(如图 9－30 所示)。

图 9－30

从左侧"公共样式"中的二维码标签模板中选择"B169 红黄渐变"样式(如图 9－31 所示)。

图 9－31

在左侧栏中选择"LOGO",点击"点击上传 LOGO"按钮,上传自己的 LOGO 图片,然后点击"确认"按钮(如图 9—32 所示)。

图 9—32

将形状设为圆形,位置为"码中间",投影为"无投影"(如图 9—33 所示)。

图 9—33

左侧栏选择"字段",点击"下方文字"的"添加下方文字",输入"扫码查看年会通知"并设置字号和颜色(如图 9—34 所示)。

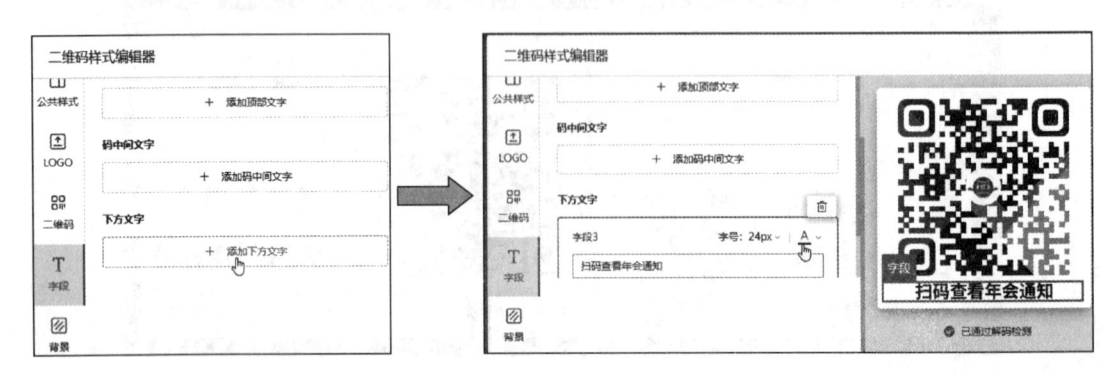

图 9—34

在左侧栏选择"背景",为二维码选择一个背景色(如图 9-35 所示)。

图 9-35

点击右侧"下载图片"按钮,保存美化后的二维码。将二维码发布到公司内部微信群。

3. 查看并处理数据

登录草料二维码的后台,在左侧栏选择"工作台",在中间区域找到"关于举办宏达公司年会的通知",点击"更多",弹出的下拉菜单中单击"数据统计"(如图 9-36 所示)。

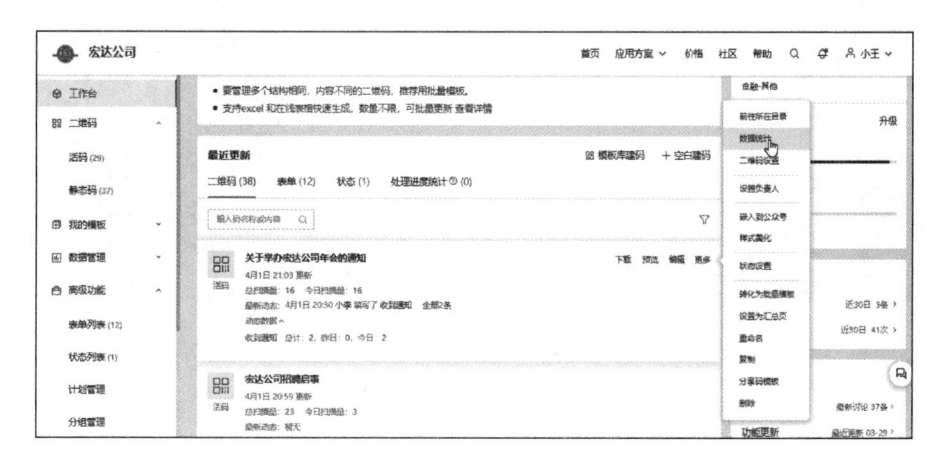

图 9-36

在"数据统计"窗口可以看到"表单数据""扫描量统计""收藏量统计",单击"表单数据汇总",可以看到详细数据。在"动态数据汇总"页面可以看到收到这条通知的所有人的详细数据(如图 9-37 所示)。

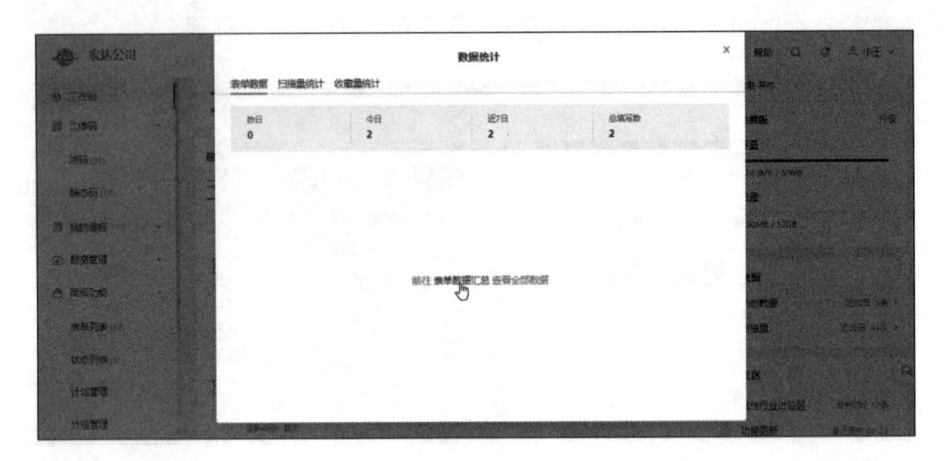

图 9—37

点击右侧"数据导出"按钮,可以将数据导出为 Excel 文件(如图 9—38 所示)。

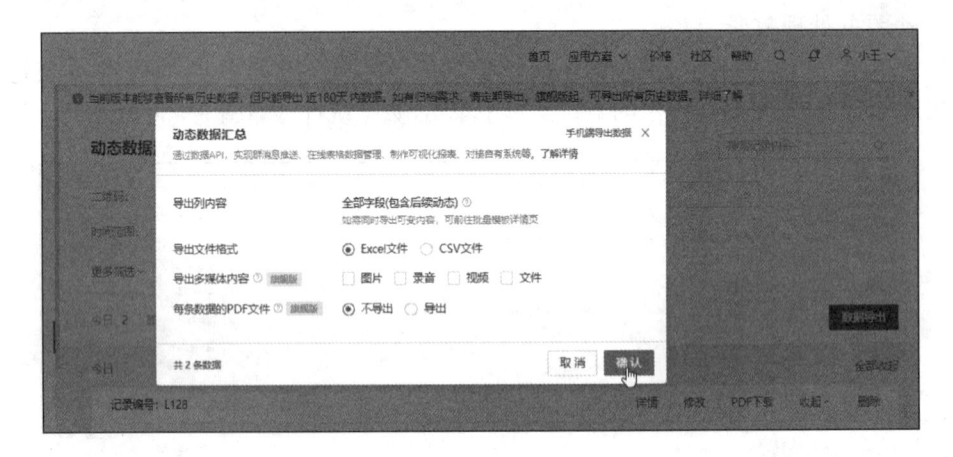

图 9—38

二、进阶任务:二维码签到

案例:宏达公司年会举办在即,行政部李总作为活动负责人需要随时掌握各类到会人员信息以便及时调整年会的流程和安排各项工作。小王的职责是全力配合李总做好人员的签到考勤和资料分发,保障年会的胜利召开。

问题:如何让签到考勤高效便捷并保证签到的真实有效?

(一)"建码"

扫码登录"草料二维码"后台,点击"模板库建码"(如图 9—39 所示)。

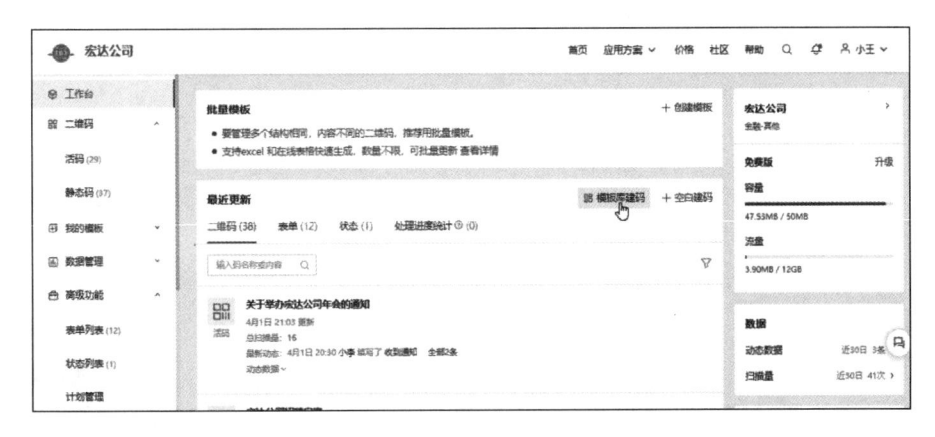

图 9—39

（二）"关键词搜索"

在"模板库"页面的搜索框中输入关键词"签到"并回车，找到两个匹配项，点击其中的"会议签到"（如图 9—40 所示）。

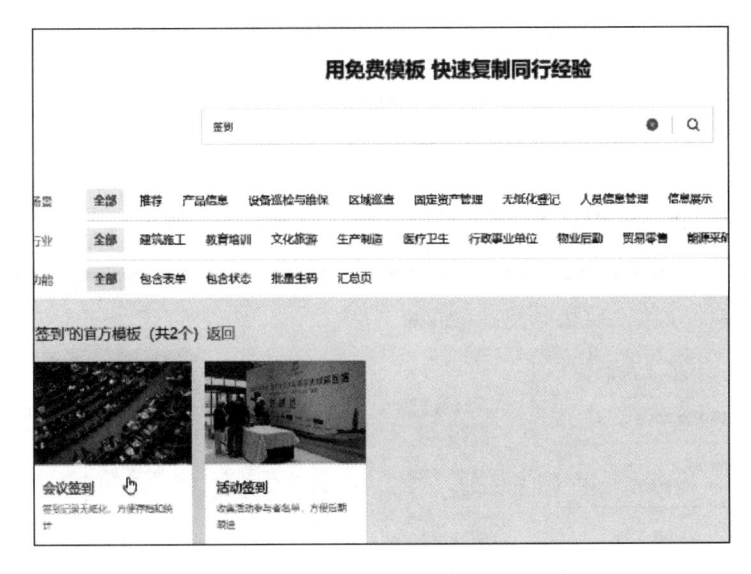

图 9—40

（三）"单个生码"

进入"模板库/无纸化登记/模板详情"页面，单击右上角"单个生码"按钮（如图 9—41 所示）。

图 9—41

进入编辑模式,将标题改为"宏达公司年会签到",在操作面板上单击"设置"(如图 9—42 所示)。

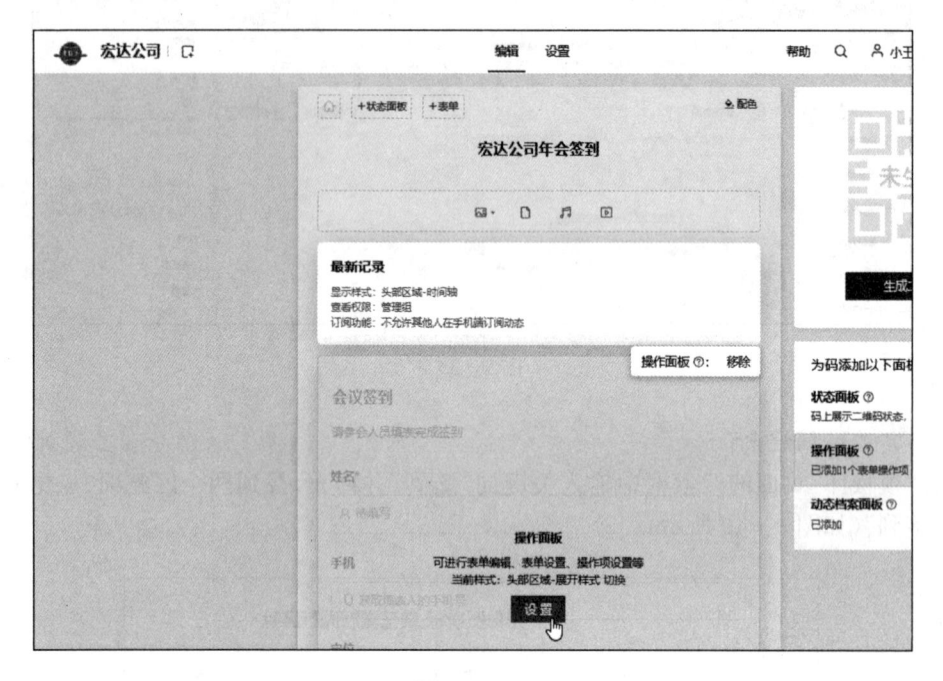

图 9—42

在"操作面板"对话框中点击"编辑表单"按钮(如图 9—43 所示)。

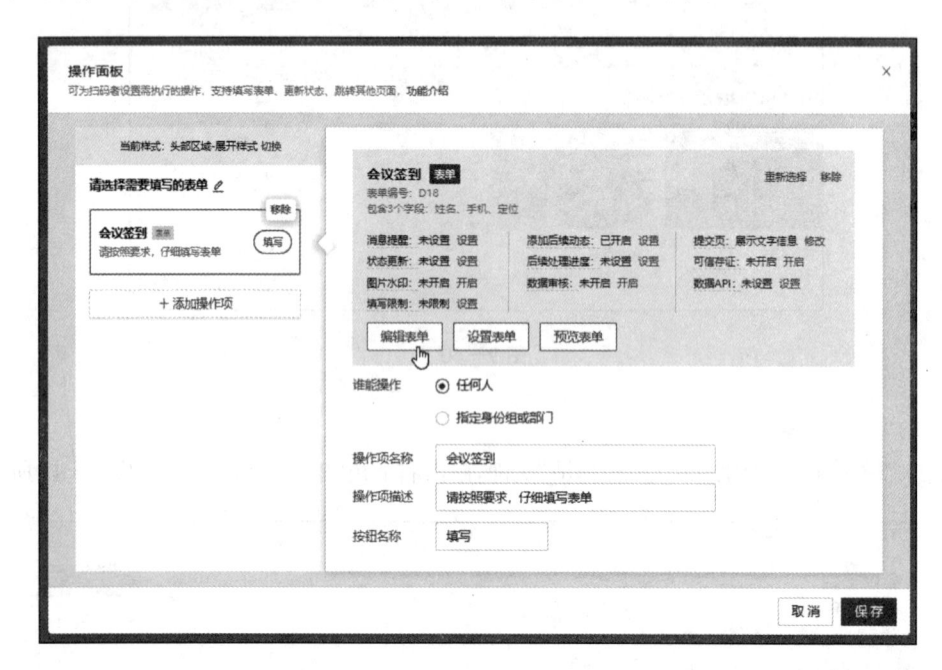

图 9—43

因表单模板中已有"手机"和"定位"这两个组件,可以有效防止虚假身份和在非指定地址签到,保证信息的真实有效。从左侧组件中单击"工号","提示"设置为"如您是宏达员工,请输入工号";点击左侧"基础类"中的"单选项"并如图 9-44 所示编辑,然后单击"确定"按钮,再点击"完成编辑"。

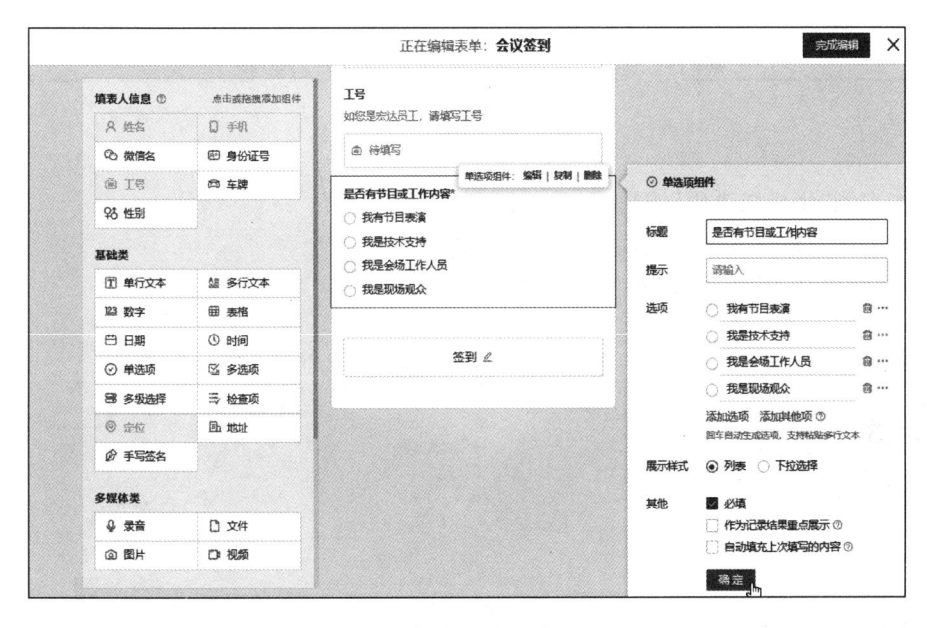

图 9-44

回到编辑模式下,修改下方文本编辑器里的文字内容,鼠标移到"会议材料"下方的文件上,在弹出的快捷按钮上点击"编辑"(如图 9-45 所示)。

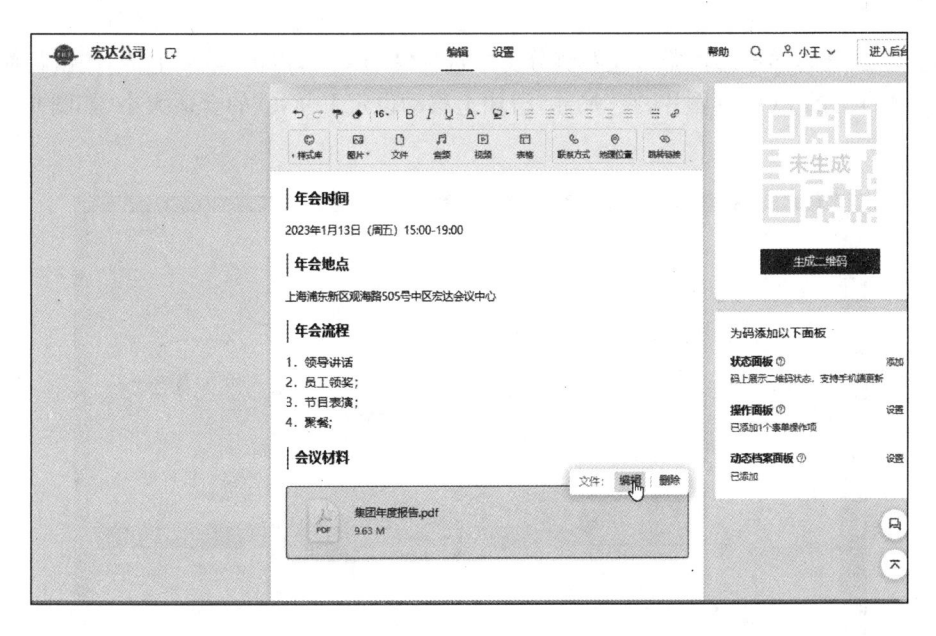

图 9-45

在"文件模块"对话框里,删除原有文件,上传所需要文件,然后点击"确定"按钮。

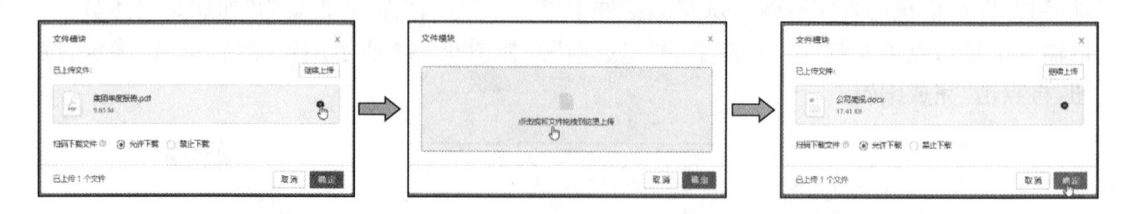

图 9—46

点击右侧"生成二维码"按钮。

(四)美化二维码并制作成二维码海报打印

点击"编辑样式"按钮(如图 9—47 所示)。

图 9—47

进入"二维码样式编辑器",在左侧分类中选择"LOGO",点击"重新上传"按钮替换原有 LOGO 为自己的 LOGO 图片,在"尺寸"滑块上移动设定 LOGO 的合适大小(如图 9—48 所示)。

图 9—48

左侧分类中选择"字段",修改标题为"年会签到处"(如图 9—49 所示)。

图 9—49

在左侧分类中选择"背景",在"从背景图中选择"中选取第一列第三个背景图样式,然后点击"保存并返回"按钮(如图 9—50 所示)。

图 9—50

返回内容编辑模式,点击"保存"按钮。点击"下载 PDF"就可以将制作好的二维码海报以 PDF 文件格式保存到本地硬盘并打印(如图 9—51 所示)。

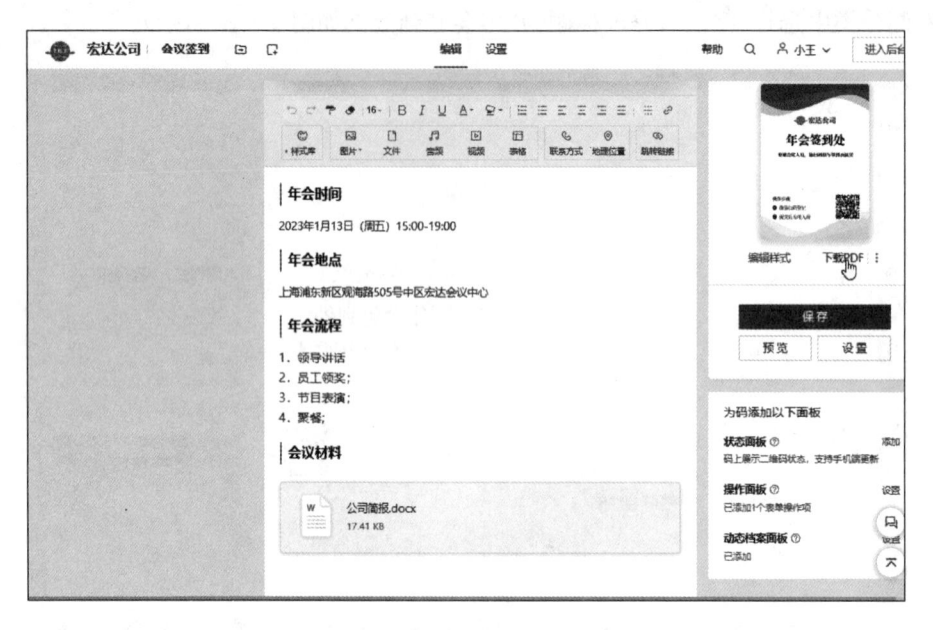

图 9—51

最终微信扫二维码如图 9—52 所示内容。

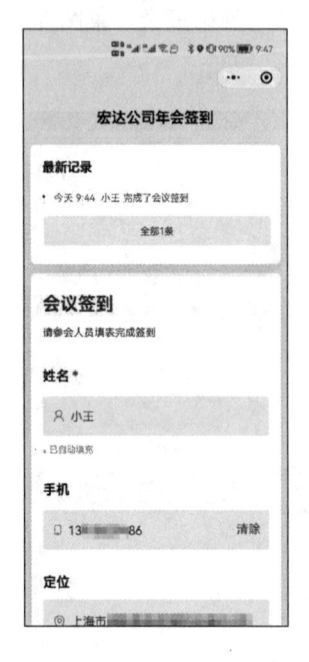

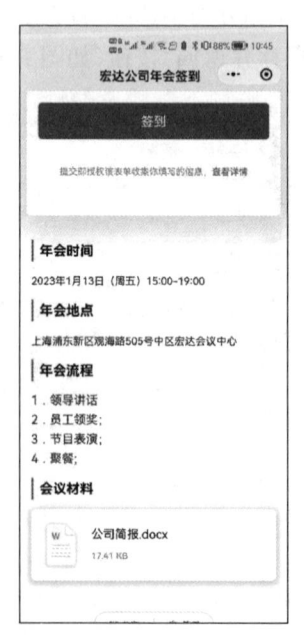

图 9—52

三、此中真义：质量第一，兼顾效率

职场人的工作要秉持"质量第一，兼顾效率"的基本原则，学会运用新兴的工具，掌握数字化、电子化办公的技能，提高管理流程的可视化、精细化程度，用工具解放自己的双手，用技术武装自己的头脑，避免在处理大量事务的过程中因人为操作而造成的盲区。

任务训练

1. 为宏达公司制作"用户满意度调查问卷"二维码并美化。设计 3~5 个问题,题型多样化。

2. 为宏达公司制作"招聘启事"表单二维码并制作成二维码海报,扫码可填写报名信息并提交,应当包含个人简历基本信息和证件资料上传功能。

参考书目

1. 陈小明:《现代办公设备应用与维护实训》,大连理工大学出版社 2011 年版。
2. 郭春燕:《办公自动化》,高等教育出版社 2016 年版。
3. 葛红岩:《新编秘书实训》,高等教育出版社 2015 年版。
4. 王欣、翟世臣、薛章林:《办公软件高级应用案例教程 Office2016 微课版》,人民邮电出版社 2021 年版。
5. 谭贤:《新媒体营销与运营实战从入门到精通》,人民邮电出版社 2017 年版。
6. 新媒体商学院:《新媒体运营一本通》,化学工业出版社 2019 年版。